JN065450

公務員試験

畑中敦子の 社会人採用 数的処理 The BEST

判断推理 | 数的推理 | 資料解釈

ザ・ベスト

畑中敦子 著

エクシア出版

はじめに

　本書は、公務員試験社会人（経験者）採用枠の受験生を対象に、教養試験（基礎能力試験）の最重要科目である数的処理の対策本として出版された書籍※になります。

　数的処理とは、判断推理（空間把握を含む）、数的推理、資料解釈を合わせた一般知能の非言語分野のことで、教養試験（基礎能力試験）のおよそ３分の１を占めます。

　近年、公務員試験の社会人採用枠は拡大の方向にあり、経験の豊富な即戦力を積極的に採用しようとする傾向にあります。しかし、それに伴い、公務員への転職希望者も増えており、依然として狭き門です。その最初の関門が１次の筆記試験であり、重要科目である数的処理をしっかり対策することは、確実に土俵に上がるために必要なこととなります。

　そこで、本書では、問題と解法のパターンが効率良く身につくよう、近年の主な社会人採用試験の過去問を徹底分析し、良問を厳選して分かりやすく解説するとともに、必要な公式やルールも余すことなく掲載しました。必ず、受験生の皆様のお役に立てると信じております。

　皆様が合格、内定を勝ち取られ、国や自治体で新たなご活躍をされることを、心よりお祈り申し上げます。

2021 年 3 月

畑中敦子

※本書は「畑中敦子の社会人採用 決め手の数的処理」の改訂版となります。

目 次

プロローグ　試験情報と出題傾向

第1部　判断推理

第2部　数的推理

第3部　資料解釈

本書の使い方

No.
2
順序関係
▶ 特別区経験者採用   ▶ 2020

A～Fの6人が横一列に並んでいる。今、次のア～エのことが分かっている

問題は全部で180問。
頻出テーマを中心に良問を厳選！

出典はすべて社会人採用試験の
過去問。

本問は1人で2種類
を習っています。頭に
入れて解きましょう！

解説の補足やちょっと注意
してほしいところ！

❗ここがPOINT
組合せが同じ者はいないので、
同じ珠算を習うAとDのもう
1種類は異なるということです。

問題を解くうえで大事なポイント。
しっかり頭に入れよう！

📝 速さの基本公式
速さ＝距離÷時間
時間＝距離÷速さ
距離＝速さ×時間

必要な公式や定理は
その都度Check！

❖ 論理式の基本知識

基本知識 ①　命題と論理式
真偽の判断がつく文章を「命題」といい、「AならばBである」という命題

ガッツリな公式やルールもしっかり解説！

プロローグ

試験情報と出題傾向

※試験情報は 2021 年 3 月時点のものです。

No. 1
国家公務員

＃1　経験者採用試験（係長級（事務））

　民間企業等における実務経験のある人を、国の機関の係長級以上の官職に採用するための試験です。事務系（内閣府や各省庁の職員）のほか、外務省、国税庁、農林水産省などの省庁別に試験が実施されます。受験案内などは、ホームページなどで確認して下さい。試験問題は、一般的な社会人対象の採用試験と比べるとレベルが高いので、しっかりとした対策が必要です。

☞ 2020 年度試験情報

試験日程	1 次試験：2020 年 10 月 4 日　　2 次試験：2020 年 11 月
主な 受験資格	令和 2 年 4 月 1 日において、大学等を卒業した日または大学院の課程等を修了した日のうち最も古い日から起算して 2 年を経過した者
試験科目	1 次：基礎能力試験、経験論文試験 2 次：政策課題討議試験（グループ討議）、人物試験（個別面接）など

☞ 2020 年度実施結果

試験の種類	申込者数	第1次試験合格者数	第2次試験合格者数	最終合格者数
経験者採用試験（係長級（事務））（※）	834 (251)	138 (32)	————	57 (12)
総務省経験者採用試験（係長級（技術））	45 (0)	19 (0)	16 (0)	9 (0)
外務省経験者採用試験（書記官級）	191 (94)	29 (14)	————	17 (11)
国税庁経験者採用試験（国税調査官級）	1,171 (230)	366 (82)	221 (54)	142 (36)
農林水産省経験者採用試験（係長級（技術））	47 (12)	11 (3)	8 (2)	3 (1)
国土交通省経験者採用試験（係長級（技術））	113 (9)	35 (3)	28 (3)	16 (3)
観光庁経験者採用試験（係長級（事務））	203 (82)	13 (6)	10 (5)	8 (4)
気象庁経験者採用試験（係長級（技術））	59 (7)	36 (4)	34 (4)	16 (3)
合　計	2,663 (685)	647 (144)	317 (68)	268 (70)

（注）（　）内の数字は女性を内数で示す。
（※）会計検査院、内閣府、金融庁、公安調査庁、外務省、財務省、文部科学省、厚生労働省、農林水産省、経済産業省、国土交通省及び環境省の事務系の係長級の職員を採用するための試験です。

#2　一般職試験（社会人（係員級））

　国の機関の係員級の職員を採用するための試験です。2020年度の試験区分は技術と農業土木で、地方整備局や防衛省の機関、全国の地方農政局、地方整備局での採用になります。近年は事務区分での試験は行われておりません。

☞ 2021年度試験情報

試験日程	1次試験：2021年9月5日　　2次試験：2021年10月
主な受験資格	昭和56年4月2日以降生まれの者
試験科目	1次：基礎能力試験、専門試験　　2次：人物試験（個別面接）

☞ 2020年度実施結果

試験の区分	申込者数	第1次試験合格者数	最終合格者数
技術	231（42）	32（4）	16（2）
農業土木	62（12）	14（3）	8（3）
合　計	293（54）	46（7）	24（5）

（注）（）内の数字は、女性を内数で示す。

☞ 数的処理の出題傾向

　例年、同日に実施される一般職（高卒）と同じ問題ですが、社会人採用試験の中では問題のレベルはやや高めです。

　例年、判断推理7問（うち図形2問）、数的推理4問、資料解釈2問の計13問の出題です（次ページ参照）。

　判断推理は、例年、最初に命題と論理が出題され、順序関係、位置関係、対応関係、試合などの問題が続きます。見た目にやや変わった印象を受ける問題もありますので、柔軟な視点で取り組む必要があります。図形分野では、展開図やパズルなどの典型的な問題を始め、幅広い範囲から出題されており、やはり変わった問題も結構あります。

　数的推理は、確率、比と割合、図形（面積など）、速さの問題、方程式の文章問題などが頻出で、多少の応用力を要する問題が多いです。

　資料解釈は、図（グラフ）と表が1問ずつで、計算は余りありませんが、図表をきちんと読み取る力が必要となります。

☞ 過去３年間の出題内容　　　　　　　　　　　　　　　　　2020 年度時点

No.	科　目	2020 年度	2019 年度	2018 年度
8	判断推理	命題と論理	命題と論理	命題と論理
9	判断推理	対応関係	対応関係	対応関係
10	判断推理	位置関係	順序関係	位置関係
11	判断推理	順序関係	トーナメント戦	年齢算
12	判断推理	リーグ戦	その他の推理	集合算
13	判断推理	移動と軌跡	パズル	パズル
14	判断推理	立方体の展開図	立方体の展開図	投影図
15	数的推理	確率	場合の数	確率
16	数的推理	比と割合	比と割合	比と割合
17	数的推理	方程式の文章問題	速さ	速さ
18	数的推理	速さ	方程式の文章問題	図形の面積
19	資料解釈	構成比のデータ（図）	構成比のデータ（図）	構成比のデータ（図）
20	資料解釈	構成比のデータ（表）	実数のデータ（表）	構成比のデータ（表）

＃３　刑務官採用試験（社会人）

　刑務所、少年刑務所、拘置所に勤務する職員を採用するための試験です。男女別、かつ地域別に区分があり、北海道、東北、関東甲信越静、東海北陸、近畿、中国、四国、九州に分かれています。

☞ 2021 年度試験情報

試験日程	1 次試験：2021 年 9 月 19 日　　2 次試験：2021 年 10 月
主な 受験資格	昭和 56 年 4 月 2 日〜平成 4 年 4 月 1 日生まれの者
試験科目	1 次：基礎能力試験、作文試験 2 次：人物試験（個別面接）、身体検査、身体測定、体力検査

☞ 2020 年度実施結果

試験の区分（※）	申込者数	第 1 次試験合格者数	最終合格者数
刑務 A 社会人	315	185	91
刑務 B 社会人	39	19	9
合　計	354	204	100

（※）A は男子、B は女子の試験区分

☞ 数的処理の出題傾向

　例年、一般職（社会人）と同様、判断推理７問（うち図形２問）、数的推理４問、資料解釈２問の出題で、傾向も一般職と似ていますが、レベルは一般職よりやや易しめです。

　判断推理は、命題と論理、順序関係、位置関係、対応関係、図形分野では、パズル、展開図が頻出で、いずれも基本的な問題です。

　数的推理は、場合の数、確率、速さの問題、図形の面積、整数問題などが頻出ですが、幅広い範囲から出題されています。

　資料解釈は、図（グラフ）と表が１問ずつで、シンプルなデータが中心です。

☞ 過去３年間の出題内容

2020 年度時点

No.	科　目	2020 年度	2019 年度	2018 年度
8	判断推理	命題と論理	集合算	集合算
9	判断推理	対応関係	リーグ戦	その他の推理
10	判断推理	順序関係	位置関係	順序関係
11	判断推理	対応関係	数量条件からの推理	位置関係
12	判断推理	位置関係	順序関係	真偽
13	判断推理	パズル	図形の面積	パズル
14	判断推理	正八面体の展開図	立体の切断	投影図
15	数的推理	図形の面積	確率	確率
16	数的推理	等差数列	速さ	その他の推理
17	数的推理	利益算	不等式の文章問題	約数・倍数
18	数的推理	場合の数	平均算	年齢算
19	資料解釈	構成比のデータ（図）	特殊なデータ（図）	構成比のデータ（図）
20	資料解釈	実数のデータ（表）	実数のデータ（表）	実数のデータ（表）

東京都職員キャリア活用

専門的知識・スキル・経験へのニーズが高い分野ごとに区分を設定し、学歴区分に応じた職務経験のある人を採用します。合格者は主任級職として採用されますが、職務経験や能力・専門性によっては、課長代理級での採用もあります。

👉 2021 年度試験情報

試験日程	1 次試験：2021 年 9 月 19 日　　2 次および 3 次試験：2021 年 11 月
主な受験資格	昭和 37 年 4 月 2 日以降生まれの者で、学歴区分に応じた職務経験年数がある者
試験科目	1 次：書類選考（職務経歴書、エントリーシート）、教養試験、論文、専門試験 2 次および 3 次：口述試験（個別面接）

👉 2020 年度実施結果

申込者数	受験者数	1 次合格者数	2 次合格者数	最終合格者数
632	501	297	167	121

👉 数的処理の出題傾向

例年、判断推理、数的推理、資料解釈、空間概念（判断推理の図形分野）が各 4 問という構成で出題されます（次ページ参照）。

判断推理（No.9 ～ 12）では、例年、No.9 に集合算（2019 年除く）、No.11 に確率の問題が定位置で出題されており、その他では、順序関係が頻出です。集合算、確率とも、最近は割と基本的な問題が出題されていますが、その他の問題では、やや変わった問題や面倒な問題も時折あります。

数的推理（No.13 ～ 16）は、方程式の文章問題が頻出で、その他は割とまんべんなく出題されています。4 問のうち、図形が 1 ～ 2 問を占め、面積の問題が多く出題されています。いずれも難易度は標準的で、基本ができていれば解けるレベルです。

資料解釈（No.17 ～ 20）は、出題される図表のパターンが決まっていますので、過去問をしっかり研究して、図表の特徴を把握し、選択肢の内容についても十分にトレーニングしておくことをお勧めします。過去 3 年分の試験問題は、東京都のホームページで公開されています。

空間概念（No.21 ～ 24）は、例年、最後（No.24）に、移動と軌跡（軌跡の長

さ、円の回転などを含む）の問題が出題されています。その他では、積み木、パズル、展開図などが頻出で、やはり典型的な問題が中心ですが、面倒な問題も時折あります。

☞ 過去3年間の出題内容

2020年度時点

No.	科　目	2020年度	2019年度	2018年度
9	判断推理	集合算	その他の推理	集合算
10	判断推理	真偽	順序関係	順序関係
11	判断推理	確率	確率	確率
12	判断推理	場合の数	真偽	覆面算
13	数的推理	図形の計量	不等式の文章問題	年齢算
14	数的推理	時計算	図形の面積	方程式の文章問題
15	数的推理	図形の面積	方程式の文章問題	図形の面積
16	数的推理	暦算	数列	方程式の文章問題
17	資料解釈	実数のデータ（表）	構成比のデータ（表）	構成比のデータ（表）
18	資料解釈	実数のデータ（図）	実数のデータ（図）	実数のデータ（図）
19	資料解釈	増加率のデータ（図）	増加率のデータ（図）	増加率のデータ（図）
20	資料解釈	構成比のデータ（図）	構成比のデータ（図）	構成比のデータ（図）
21	空間概念	折り紙	パズル	図形の個数
22	空間概念	正八面体の展開図	図形の構成	積み木
23	空間概念	積み木	回転体	サイコロ
24	空間概念	移動と軌跡	移動と軌跡	軌跡の長さ

No.3
特別区職員経験者

　民間企業等で培った有用な経験を、即戦力として特別区政に生かすことを目的に実施されています。職務経験年数に応じて、主任での採用枠も設けられています。

☞ 2021 年度試験情報

試験日程	1 次試験：2021 年 9 月 11 日　　2 次試験：2021 年 10 〜 11 月頃
主な 受験資格	昭和 37 年 4 月 2 日以降生まれの者で、民間企業等による業務従事歴が 4 〜 12 年以上ある者（階級により 3 パターン）
試験科目	1 次：教養試験、職務経験論文、課題式論文　　2 次：口述試験（個別面接）

☞ 2020 年度実施結果

	受験者数	最終合格者数
1 級職	1,455	266
2 級職	965	123
3 級職	18	10

☞ 数的処理の出題傾向

　数的処理については、1，2 級職とも同じ問題です（近年、3 級職は児童福祉等の有資格者の採用のみで、教養試験の実施はありません）。

　東京都と同様に、例年、判断推理、数的推理、資料解釈、空間把握（判断推理の図形分野）が各 4 問という構成で出題されます（次ページ参照）。

　判断推理（No.9 〜 12）は、例年、No.9 に試合（リーグ戦、トーナメント戦など）、No.10 に暗号の問題が出題されており、暗号は難問が多いので注意が必要です。その他には、順序関係、集合算が頻出で、いずれも基本的な問題です。

　数的推理（No.13 〜 16）は、方程式などの文章問題、確率、数列などが頻出ですが、幅広い範囲からバランスよく出題されています。また、図形の問題が例年 1 〜 2 問出題され、最近は図形の面積がほぼ毎年出題されています。

　資料解釈（No.17 〜 20）は、例年、表と図（グラフ）が 2 問ずつ出題され、東京都と同様に、図表のパターンがある程度決まっています。過去 3 年分の試験問題は、特別区のホームページで公開されていますので、過去問を研究しておいたほうがいいでしょう。例年、No.20 に出題されている円グラフの問題は難問が多いので注意してください（本編 No.175 参照）。

空間把握（No.21 ～ 24）は、東京都と同様に、例年、No.24 に移動と軌跡が出題されています。その他では、パズル、展開図、積み木などが頻出です。

👉 過去 3 年間の出題内容

No.	科　目	2020 年度	2019 年度	2018 年度
9	判断推理	リーグ戦	トーナメント戦	トーナメント戦
10	判断推理	暗号	暗号	暗号
11	判断推理	集合算	対応関係	集合算
12	判断推理	順序関係	順序関係	集合算
13	数的推理	図形の面積	図形の面積	図形の面積
14	数的推理	数列	図形の計量	魔方陣
15	数的推理	仕事算	確率	仕事算
16	数的推理	方程式の応用問題	利益算	ニュートン算
17	資料解釈	実数のデータ（表）	実数のデータ（表）	実数のデータ（表）
18	資料解釈	増加率のデータ（表）	増加率のデータ（表）	増加率のデータ（表）
19	資料解釈	実数のデータ（図）	実数のデータ（図）	実数のデータ（図）
20	資料解釈	構成比のデータ（図）	構成比のデータ（図）	構成比のデータ（図）
21	空間概念	一筆書き	折り紙	展開図の周の長さ
22	空間概念	パズル	パズル	パズル
23	空間概念	正十二面体の展開図	図形の体積	積み木
24	空間概念	移動と軌跡	移動と軌跡	移動と軌跡

※ No. は 1 級職のものです。

No.4
地方公務員（県庁，市役所など）

　近年、道府県庁、政令市のほとんどで民間経験者を対象とする社会人採用試験が行われ、全国の市町村役場でも、UIJ ターン希望者を歓迎し、公務員採用する傾向が高まっています。

　採用試験は各自治体で行われ、6 月下旬〜10 月頃に 1 次試験を行う場合がほとんどです。自治体によっては、主に民間企業で採用している SPI3 を実施するところや、教養試験を行わず作文や面接だけで採用するところもありますが、多くの場合、1 次で教養試験が課せられます。

　試験問題は、自治体によってはオリジナルの問題を作成する場合もありますが、ほとんどは、専門の公益法人が作成する問題を採用しています。問題にはいくつかの種類があり、どの試験を採用するかは各自治体が決めますが、一般的な大卒者採用試験より難易度の低い問題を採用する場合が多いです。

　ここでは、その中でも新しいタイプの試験である「社会人基礎試験」と、以前から実施されている平均的なタイプの試験についてご紹介します。

＃1　社会人基礎試験

　2013 年に登場した新しいタイプの試験で、これまでに多くの自治体や団体が採用しています。

　試験は、「職務基礎力試験」と「職務適応性検査」から成り、一般的な教養試験に当たる「職務基礎力試験」は、75 問、90 分、4 肢択一で行われ、「社会的関心と理解について問う分野」「言語的な能力を問う分野」「論理的な思考力を問う分野」の 3 分野で問題が構成されます。

👉 2021 年度試験情報

試験日程	例年 3 回（試験日は未定）
主な受験資格	自治体により異なるが、試験実施年 4 月 1 日現在 59 歳未満まで受験できる自治体も多数。ほとんどの自治体で職務経験が必要。
試験科目	職務基礎力試験（教養試験）、職務適応性検査（適性検査） その他、自治体により、作文、面接など

👉 数的処理の出題傾向

　数的処理は、「論理的な思考力を問う分野」として 25 問出題されており、内容は、判断推理、数的推理、資料解釈の一般的な問題ですが、難易度はかなり易しめです。

問題は易しいですが、1問当たり1〜2分で処理する必要がありますので、早く正確に解く練習が必要です。

　判断推理は、命題と論理、順序関係、位置関係、対応関係などが中心です。与えられる条件もわずかで、複雑な要素はほとんどありません。

　数的推理は、速さの問題、仕事算、比と割合、確率など、頻出分野から出題が多いですが、基礎学力を問うようなやや変わった問題も見られます。

　資料解釈は、資料から選択肢の正誤を検討するという一般的な問題もありますが、資料から簡単な数値の計算をさせる問題も結構あります。

#2　県庁，市役所などの経験者採用試験

　一般的な教養試験は、5肢択一で（50問, 150分）（40問, 120分）（30問, 90分）などの型があります。自治体や試験区分によっては、大卒採用と同じ試験問題の場合もありますが、ほとんどは、高卒採用と同じ問題や社会人向けの易しめの問題を採用しており、受験生の負担を軽減する方向にあります。

☞ 2021年度試験情報

試験日程	自治体により異なるが、1次試験はほとんど6〜10月に実施
主な 受験資格	自治体により異なるが、試験実施年4月1日現在59歳未満まで受験できる自治体も多数。ほとんどの自治体で職務経験が必要。
試験科目	自治体により異なるが、教養試験、適性検査、作文、面接など。 専門性の高い区分では専門試験が課せられる場合が多い。

☞ 数的処理の出題傾向

　数的処理は、どの試験型でも教養試験のうちの約1/3を占め、10〜16問程度の出題です。

　判断推理は、5〜8問程度で、そのうち2〜3問が図形の問題です。命題と論理、対応関係、順序関係、真偽、移動と軌跡、積み木などが頻出で、いずれも基本的な問題が中心です。

　数的推理は、4〜6問程度で、整数問題、速さの問題、図形（面積など）などの頻出分野からの出題も多いですが、マイナー分野も含め幅広い範囲から出題されています。

　資料解釈は、1〜2問で、実数や割合のデータが中心ですが、ややレベルの高い問題もありますので、時間配分に注意が必要です。

※道府県庁、市役所などの採用試験（社会人基礎試験を含む）の問題は、非公開（持ち帰り不可）となっています。本書に掲載されている過去問は、受験された方の情報を元に再現したもので、実際の試験問題とは一部異なる場合があります。
※本書に掲載されている「○○県経験者採用」などは、出題が確認された代表的な自治体の試験名であり、同日程で行われた他の自治体でも同じ問題が出題されている場合があります。

第 1 部

判断推理

A〜Dは、男性2人、女性2人の4人兄弟である。A〜Cの3人が次のように発言しているとき、確実にいえるのはどれか。

A 「私には妹が2人いる。」
B 「私には兄はいない。」
C 「私には兄も姉もいる。」

1 Aは長男である。
2 Bは上から2番目である。
3 Cは末っ子である。
4 Dには弟が1人いる。

まず、Aの発言より、Aは男性で、Aより年下の女性が2人いることが分かり、次のように表します。

A ＞ 女 女
（男）

これより、2人の女性にはAという兄がいますので、Bの発言より、Bは男性で、兄がいないのでAより年上と分かり、ここまでで次のようになります。

B ＞ A ＞ 女 女
（男） （男）

最後に、Cの発言より、4人の中で兄も姉もいるのは、最も年下の女性のみですから、これがCで、残る女性がDと分かり、次のようになります。

B ＞ A ＞ D ＞ C
（男） （男） （女） （女）

以上より、肢3が正解です。

正解 ▶ 3

　A〜Fの6人が横一列に並んでいる。今、次のア〜エのことが分かっているとき、確実にいえるのはどれか。

ア　AとBの間に2人並んでいる。
イ　CはDの隣に並んでいる。
ウ　DとEの間に1人並んでいる。
エ　Fは一番端に並んでいる。

1　AはDの隣に並んでいる。
2　BはEの隣に並んでいる。
3　BとCの間に1人並んでいる。
4　DとFの間に1人並んでいる。
5　CとEの間に2人並んでいる。

　条件ア〜ウは図1のように図に表しておきます。いずれも左右を入れ替えたものもOKですので、忘れないようにしておきます。

図1

ア
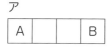

イ

ウ

※いずれも左右入れ替え可

　ここで、残る条件エと、図1で最も大きいアを合わせると、図2の4通りが考えられます。AとBは左右を入れ替えたものも成立しますので、ここからはかっこを付けておきます。

図2
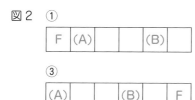

※ AとBは入れ替え可

さらに、図1のイとウを満たすようC，D，Eを記入すると、図3のように
なりますね。

図3

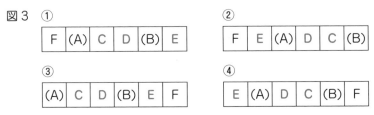

①

| F | (A) | C | D | (B) | E |

②

| F | E | (A) | D | C | (B) |

③

| (A) | C | D | (B) | E | F |

④

| E | (A) | D | C | (B) | F |

※AとBは入れ替え可

これより、①～④のそれぞれについて、AとBを入れ替えた計8通りが成立しますので、そのいずれにおいても確実にいえるのは肢5のみで、これが正解となります。

肢1～3も、8通りのいずれかでは成立していますので、可能性はありますが、確実にいえることではありません。

正解 ▶ 5

A～Eの5人がクイズ大会に出場した。5人の中間順位と最終順位について、次のことが分かっているとき、確実にいえるのはどれか。なお、5人のうち、中間順位で同順位の者や最終順位で同順位の者はいなかった。

ア　Aの最終順位は、中間順位より上位であった。
イ　Bの最終順位は、中間順位より一つ上の順位であった。
ウ　Cの最終順位は、1位であった。
エ　Dの中間順位は、2位でCより上位であったが、最終順位は3位であった。
オ　Eの最終順位は、Aより下位であった。

1　Aの中間順位は、3位であった。
2　Bの最終順位は、2位であった。
3　Cの中間順位は、Bより下位であった。
4　Dの最終順位は、Aより下位であった。
5　Eの中間順位は、1位であった。

　中間順位と最終順位を表に整理します。まず、条件ウ，エを記入して、表1のようになります。

表1

	1	2	3	4	5
中間順位		D			
最終順位	C		D		

　また、条件イより、Bの中間→最終は、3位→2位、または、5位→4位ですから、ここで次のように場合分けをします。

(1) Bが3位→2位の場合
　最終順位で、Bは2位ですから、条件オより、Aが4位、Eが5位と分かります（表2）。
　さらに、条件アより、Aの中間順位は最終順位より下位なので5位となり、条件エより、中間順位でCは4位、残るEが1位となり、表3のようになります。

表2

	1	2	3	4	5
中間順位		D	B		
最終順位	C	B	D	A	E

表3

	1	2	3	4	5
中間順位	E	D	B	C	A
最終順位	C	B	D	A	E

（2）Bが5位→4位の場合

　同様に、最終順位で、Bは4位ですから、条件オより、Aが2位、Eが5位と分かります（表4）。

　さらに、条件ア，エより、中間順位でAとCは3位または4位のいずれかですが確定はできず、残るEが1位で、表5のようになります。

表4

	1	2	3	4	5
中間順位		D			B
最終順位	C	A	D	B	E

表5

	1	2	3	4	5
中間順位	E	D	A, C		B
最終順位	C	A	D	B	E

　以上より、表3と表5のいずれにおいても確実にいえるのは肢5で、これが正解となります。

> その他の選択肢も、表3，5のいずれかでは成立していますので、可能性はありますが、確実にいえることではありません。

正 解 ▶ 5

A〜Dの4組が駅伝を行った。最終走者について、次のア〜エのことが分かっているとき、確実にいえるのはどれか。

ア A組は、1人を追い越し、B組だけに追い越された。
イ B組は、2人を追い越し、だれにも追い越されなかった。
ウ C組がたすきを受け取ったのは、一番だった。
エ D組は、C組だけを追い越し、だれにも追い越されなかった。

1 A組は、C組を追い越した。
2 B組は、C組を追い越さなかった。
3 B組は、1位でゴールした。
4 C組は、2位でゴールした。
5 D組は、3位でゴールした。

条件イ，エより、B組とD組は誰にも追い越されていませんので、条件アの、A組が追い越した相手はC組、条件イの、B組が追い越した相手はA組とC組と分かります。

ここで、肢1の正解が分かります。

これより、A〜Cの3組の順位変動は、表1のようになります。

表1

スタート	C	A	B
ゴール	B	A	C

条件ウより、1位でたすきを受け取ったのはCですから、残るDは2位〜4位のいずれかでスタートしていますが、条件エより、Cだけを追い越していますので、次のように場合分けをして、確認します。

(1) Dが2位でスタートした場合
表1のスタートの2位の場所にDを加えます。Dは、Cだけを追い越し、A，Bには追い越されていませんので、表2のようにゴールしたことになります。

表2

	1	2	3	4
スタート	C	D	A	B
ゴール	D	B	A	C

(2) Dが3位でスタートした場合

同様に、3位にDを加えると、表3のような順位でスタートしたことになります。

条件エより、DはAを追い越していませんので、BはDを追い越さなければ、その前のAを追い越すことはできず、このような場合はあり得ません。

表3

	1	2	3	4
スタート	C	A	D	B

(3) Dが4位でスタートした場合

同様に、4位にDを加えます。この場合、AとBがCを追い越した後に、DがCを追い越して、表4のようにゴールしたことになります。

表4

	1	2	3	4
スタート	C	A	B	D
ゴール	B	A	D	C

以上より、表2と表4のいずれにおいても確実にいえるのは肢1で、これが正解となります。

肢3、5も、可能性はありますが、確実にはいえません。

正解 ▶ 1

A～Dの4人がそれぞれの所持金を比較してみたところ、AとBは2万円、BとCは1万円、CとDは4万円、AとDは3万円、それぞれ差があることが分かった。このことから確実にいえるのはどれか。

1　Aの所持金が最も多い。
2　Aの所持金が最も少ない。
3　Bの所持金は、多いほうから2番目か3番目のいずれかである。
4　Cの所持金は、多いほうから2番目か3番目のいずれかである。
5　Dの所持金は、多いほうから2番目か3番目のいずれかである。

まず、AとBの所持金の差が2万円であることを、図1のように数直線上に表します。

図は、所持金の差のみ表したもので、どちらが多いかは分かりません。

図1

次に、BとCの差が1万円であることから、Cは図2のC$_1$またはC$_2$のいずれかとなります。

図2

最後に、Dについて、Aとの差が3万円で、Cとの差が4万円なので、これを満たす位置を探すと、CがC$_1$の場合、図3のように成立しますが、C$_2$の場合は成立しません。よって、図3のように決まります。

図3

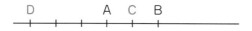

図3について、左方向が所持金の多い方とすると、多い方からD，A，C，Bの順であり、右方向が多い方とすると、多い方からB，C，A，Dの順となりますが、いずれにおいても、Cの所持金は多い方から2番目または3番目で、肢4が正解です。

正解 ▶ 4

年齢の異なるA〜Dの4人について、次のことが分かっているとき、Dの年齢として有り得る範囲はどれか。

ア　AはBより9歳年上で、CはDより8歳年上である。
イ　4人のうちBを含む3人は20代であり、あとの1人は10代である。
ウ　AとCの年齢差より、BとCの年齢差のほうが大きい。

1　15〜17歳
2　16〜18歳
3　17〜19歳
4　18〜20歳
5　19〜21歳

条件アより、AとB、CとDの年齢差を、数直線上に表します。ここでは、年齢の大小が分かっていますので、右方向を年齢の高い方として、図1, 2のように表します。

図1

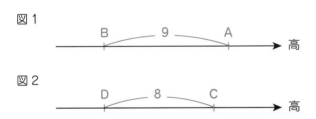

図2

図1, 2より、AとCは最年少ではありませんので、最年少はBかDですが、条件イより、Bは20代ですから、最年少の10代はDと分かります。
　これより、Dが最も左になるように、図1と図2を合わせると、Cは、AとBの間になります。AとBの間が9歳なので、条件ウを満たすようCの位置を考えると、Cは、Aとの差は4歳以下、Bとの差は5歳以上となり、図3の①〜③の3通りが考えられます。

図3

　条件イより、BとAは共に20代ですから、Bは20歳、Aは29歳となり、①～③のDの年齢は、それぞれ17歳，18歳，19歳と分かります。よって、条件を満たすDの年齢はこの範囲となり、肢3が正解です。

正 解 ▶ 3

　A〜Eの5人が旅行のため、午前9時00分に駅の改札口前で待ち合わせることになった。次のことが分かっているとき、確実にいえるのはどれか。

　ただし、各人の時計は、正確な時刻からずれている可能性があるが、そのずれは一定であるものとする。

ア　Bの時計は、Cの時計よりも2分遅れていたが、Eの時計よりも3分進んでいた。
イ　Eの時計は、Aの時計よりも7分遅れていたが、Dの時計よりも1分進んでいた。
ウ　Aは、自分の時計で午前9時10分に到着し、それはBの到着の5分後であった。
エ　Cは、自分の時計で午前9時05分に到着した。
オ　Eは、自分の時計で午前8時50分に到着し、それはDの到着の15分前であった。

1　Aは、2番目に到着した。
2　Bは、自分の時計で午前9時03分に到着した。
3　Cは、4番目に到着した。
4　Dは、自分の時計で午前9時05分に到着した。
5　自分の時計で午前9時00分より前に到着したのは、1人のみであった。

　各人が到着したときの、それぞれの時計の時刻を表に整理します。

　まず、条件ウより、Aが到着したとき、Aの時計は9:10で、Bが到着したのは、その5分前ですから、Aの時計で9:05と分かります。

　同様に、条件オより、Eが到着したとき、Eの時計は8:50で、Dが到着したのはその15分後ですから、Eの時計で9:05と分かり、ここまでと条件エを記入して、表1を得ます。

表1

	Aの時計	Bの時計	Cの時計	Dの時計	Eの時計
Aが到着	9：10				
Bが到着	9：05				
Cが到着			9：05		
Dが到着					9：05
Eが到着					8：50

　　ここで、条件イより、Eの時計はAの時計よりも7分遅れていますので、D，Eが到着したときのAの時計は、Eの時計より7分先の時刻で、それぞれ9：12と8：57と分かります。

　　また、条件アより、Eの時計は、Bの時計より3分遅れており、さらに、Bの時計はCの時計より2分遅れていますので、Eの時計はCの時計より5分遅れていることになります。

　　これより、Cが到着したときのEの時計は9：00となり、Aの時計では9：07と分かり、表2のように、各人が到着したときのAの時計の時刻が分かります。

表2

	Aの時計	Bの時計	Cの時計	Dの時計	Eの時計
Aが到着	9：10				
Bが到着	9：05				
Cが到着	9：07		9：05		9：00
Dが到着	9：12				9：05
Eが到着	8：57				8：50

　　これより、到着順は、E → B → C → A → D の順で、肢1と3は消去できます。

　　さらに、肢2，4，5を次のように確認します。

> 表を全て埋めることもできますが、正解を得るための最小限の作業で済ませることにします。

肢2　Bが到着したとき、Aの時計で9：05ですから、Eの時計では8：58となり、条件アより、Bの時計はそれより3分進んでいますので、Bの時計では9：01となります。

肢4　Dが到着したとき、Eの時計では9：05で、条件イより、Dの時計はそ

れより 1 分遅れていますので、D の時計では 9：04 となります。

肢 5　表 2 と、肢 2，4 から、自分の時計で 9：00 より前に到着したのは E の
　　みとなり、本肢は確実にいえます。

　以上より、肢 5 が正解です。

正 解 ▶ 5

【復習用】

	Aの時計	Bの時計	Cの時計	Dの時計	Eの時計
Aが到着					
Bが到着					
C が到着					
D が到着					
E が到着					

図のような3階建てのマンションの9つの部屋に、A〜Iの9人が1人ずつ住んでいる。Iの部屋は図の位置で、さらに次のことがわかっているとき、正しくいえるのはどれか。

ア　BはAより東側の部屋に住んでいる。
イ　Cは2階に住んでおり、Cの西隣の真下の部屋にDが住んでいる。
ウ　EはFの部屋の1つおいて東隣の部屋に住んでいる。
エ　GはHの東隣の部屋に住んでいる。

1　AはIの隣の部屋に住んでいる。
2　BはDの隣の部屋に住んでいる。
3　Eは3階に住んでいる。
4　Gは東端の部屋に住んでいる。

西←　　　→東

		I

まず、I以外の部屋を図1のように①〜⑧とします。条件イより、Cの部屋は2階の④か⑤ですが、西隣の真下に部屋がある⑤に決まり、⑦がDの部屋と分かります（図2）。

そうすると、条件エを満たす（H，G）の部屋は（①，②）または（②，③）のいずれかとなりますので、条件ウを満たす（F，E）の部屋は（⑥，⑧）に決まります（図3）。

図1

①	②	③
④	I	⑤
⑥	⑦	⑧

図2

①	②	③
④	I	C
⑥	D	⑧

図3

①	②	③
④	I	C
F	D	E

これより、残る条件アを満たすAとBの部屋を考えると、（H，G）は（①，②）で、④がA、③がBとなり、図4のように決まります。

図4

H	G	B
A	I	C
F	D	E

これより、肢1が正解です。

正解 ▶ 1

次の図のような3階建てのアパートがあり、A～Hの8人がそれぞれ異なる部屋に住んでいる。今、次のア～エのことが分かっているとき、確実にいえるのはどれか。

ア　Aが住んでいる部屋のすぐ下は空室で、その空室の隣にはDが住んでいる。
イ　Bは端の部屋に住んでおり、その隣にはGが住んでいる。
ウ　Cが住んでいる部屋のすぐ上には、Eが住んでいる。
エ　Fが住んでいる部屋の隣には、Dが住んでいる。

3階	301号室	302号室	303号室
2階	201号室	202号室	203号室
1階	101号室	102号室	103号室

1　Aの部屋は201号室である。
2　Cの部屋は203号室である。
3　Eの部屋は301号室である。
4　Fの部屋は101号室である。
5　Hの部屋は202号室である。

条件ア～エを図1のように表します。図はそれぞれ左右反転したものもOKですので、忘れないようにしておきます。

❗ここがPOINT
左右逆のパターンも書いてもいいですが、作業はなるべく簡略化するようにしましょう！

図1

※いずれも左右反転可

図１のアとエには、Ｄが共通していますので、これを図２のように組み合わせ、さらに、イとウが共に収まる場所を考えると、図３のようになります（それぞれ左右反転ＯＫ）。

　これより、残るＨが真ん中の 202 号室と分かります。

図２

図３

　　※いずれも左右反転可

　これより、肢５が正解です。

正 解 ▶ 5

No.
10 位置関係 ▶ 国家一般職（社会人） ▶ 2020

　ある係では、図のような①～⑥の座席のいず
れかにA～Eの5人の職員が配置されており、
いま、残り一つの座席に男性の新人が配置され
た。次のことが分かっているとき、新人の座席
である可能性のあるもののみを挙げているのは
どれか。

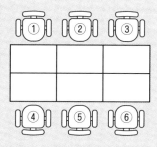

ア　⑥の座席には女性が配置されている。
イ　Aは男性で、BとDは女性である。
ウ　Aの座席の隣はBの座席である。
エ　Cの座席の真向かい隣の座席にいる人は、男性である。
オ　Dの座席の真向かいは新人の座席であり、その新人の座席の隣はBの座席
　である。

1　①，②
2　①，③
3　②，⑤
4　③，④
5　④，⑤

　まず、条件ウ，オより、Aの隣がB、そのBの隣が新人の席で、この3人
が図1のように並んでいると分かります。

図1

| A | B | 新 |

※左右反転可

　また、問題の条件と条件ア，イより、Aと新人は男性で
すから⑥ではないので、図1の3人の席は①～③となり、
図2の2通りが考えられます。条件オより、新人の真向か
いにD、条件ア，イから各人の性別を記入しておきます。

ここで、肢2の
正解が分かりま
すね。

図2

A・男	B・女	新・男
		D・女

新・男	D・女	A・男
D・女		・女

　残るCとEですが、条件エより、Cの真向かいの隣は男性なので、Cは⑤で、残る席がEとなり、図3の2通りが成立します。

図3

A・男	B・女	新・男
E	C	D・女

新・男	B・女	A・男
D・女	C	E・女

　よって、新人の席は①または③で、肢2が正解です。

正解 ▶ 2

　図のような船があり、前方後方の2列に4席ずつの
計8席に、A～Hの8人が次のルールに従って順に乗
船し、船首のほうに向かって座る。次のア～オのこと
が分かっているとき、確実にいえるのはどれか。

船首

ルール　・1番目に乗船した者は①、2番目に乗船した者は②に座る。
　　　　・3，4番目に乗船した者は、①と②の間の席に隣り合って座る。
　　　　・5，6番目に乗船した者は、前方の両端に分かれて座る。
　　　　・7，8番目に乗船した者は、空いている席に隣り合って座る。

ア　Aの左隣にはCが座っている。
イ　Aの真後ろにはBが座っている。
ウ　Eの真後ろにはHが座っている。
エ　Hの次にAが乗船した。
オ　Fの次にGが乗船した。

1　Gは左端の席に座っている。
2　Dの次に乗船したのはEであった。
3　Gの次に乗船したのはHであった。
4　3番目に乗船したのはFであった。
5　7番目に乗船したのはCであった。

　図1のように、①，②以外の席を③～⑧とします。

図1

⑥	⑧	⑦	⑤
②	④	③	①

③～⑧は乗船順を示す
わけではありませんの
で、注意してください。

　まず、条件ア～ウを図に表します。アとイにはAが共通していますので、組
み合わせて、図2のようになります。

図2

ア＋イ

ウ

本問は、左右が分かっていますので、反転はなしです。

　ここで、条件エより、HとAの席を考えると、図2より、Hは後方、Aは前方の席で、2人は連続して乗船したわけですから、ルールより、Aは⑤と分かり、図2のア＋イが図3の位置に決まります。

　また、Aの直前に乗船したHは、③または④ですから、図2のウは図4の位置に決まります。

図3

⑥	⑧	C	A
②	④	③	B

図4

⑥	E	C	A
②	H	③	B

　そうすると、条件オより、FとGの席を考えると、図4の残る席で連続して座ることが可能なのは、②→③のみで、Fは②、Gは③で、残るDは⑥と分かり、図5のようになります。

後方で最後に乗船したのはHですから、③→⑥はNGです。

図5

D	E	C	A
F	H	G	B

　これより、乗船した順番は、B→F→G→H→A→D→（C，E）となり、CとEの順番は不明ですが、ここで選択肢を検討すると、肢3が正解となります。

正解 ▶ 3

男子２人、女子４人のＡ〜Ｆの６人の生徒が、図のように机を正六角形に
なるよう配置し、一人ずつ中心に向かって座った。この６人は、学級委員，環
境委員，給食委員，生活委員，体育委員，図書委員のうち、それぞれ異なる一
つの委員を担っていた。次のことが分かっているとき、確実にいえるのはどれ
か。

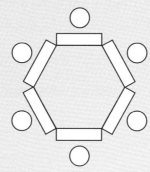

ア　Ａは男子で、真向かいには図書委員が座っていた。
イ　Ｂは生活委員で、両隣にはＥとＦが座っていた。
ウ　Ｃは女子で、隣には図書委員が座っていた。
エ　Ｄの右隣には、Ａが座っていた。
オ　環境委員の隣には、学級委員の男子が座っていた。
カ　学級委員の真向かいには、給食委員が座っていた。

1　Ａは環境委員で、Ａの右隣にはＥが座っていた。
2　Ｃは給食委員で、Ｃの右隣にはＤが座っていた。
3　Ｄは体育委員で、真向かいにはＦが座っていた。
4　Ｅは学級委員で、Ｅの左隣にはＡが座っていた。
5　Ｆは図書委員で、Ｆの左隣にはＢが座っていた。

図１のように、６人を①〜⑥とします。この６つの席に区別はありませんか
ら、まず、条件アより、Ａを①とすると、④が図書委員となり、条件ウ，エより、
Ｃは③または⑤で、⑥がＤとなります（図２）。

図1　　　　　　　　　　　　　図2

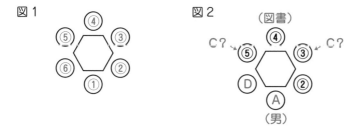

　さらに、条件イより、E, B, Fの3人は並んで座っていることになりますので、ここで、Cは⑤に決まり、③がBで、②と④がEとFのいずれかとなります（図3）。
　ここで、条件カより、学級委員と給食委員が向かい合っているわけですが、図3でこれを満たすのは、Cと②（EまたはF）しかなく、Cは女子ですから、条件オより、学級委員は②、給食委員はC、環境委員はAと分かります（図4）。

図3　　　　　　　　　　　　　図4

　これより、男子はAと②ですから、残る4人は女子で、Dは体育委員と分かり、図5のようになります。

図5

EとFは確定しないので、チェンジOKです。忘れないよう、（　）を付けておきますね。

　よって、肢2が正解です。

正解 ▶ 2

No. 13 位置関係

▶ 刑務官（社会人） ▶ 2012

A〜Eの5人の自宅と、あるテレビ塔の位置関係について、次のことが分かっているとき、**あり得ない**のはどれか。

ア　テレビ塔は、Aの自宅の北東にある。
イ　テレビ塔は、Bの自宅の真南にある。
ウ　Aの自宅は、Cの自宅の北西にある。
エ　Bの自宅は、Eの自宅の北西にある。
オ　Dの自宅は、Cの自宅の北東にある。

1　テレビ塔は、AとEの自宅の間にあり、三つの建物とも一直線上にある。
2　テレビ塔は、BとDの自宅の間にあり、三つの建物とも一直線上にある。
3　テレビ塔は、DとEの自宅の間にあり、三つの建物とも一直線上にある。
4　BとEの自宅は、Dの自宅の北西にあり、三つの建物とも一直線上にある。
5　BとEの自宅は、Cの自宅の真北にあり、三つの建物とも一直線上にある。

条件より、5人の自宅とテレビ塔の方角を矢印で表すと図1のようになります。
しかし、この図は、矢印の方向にその建物があるということだけで、距離については不明なので気をつけてください。

図1

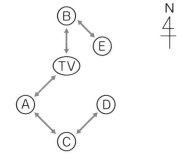

これより、距離を調整すると、肢1〜4については、図2のようにいずれもあり得ると分かりますが、肢5については、条件エより、Bの自宅はEの自宅より西側にあるため、両方ともCの真北になることはなく、一直線に並ぶことはあり得ません。

図2

肢1

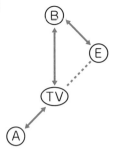

肢2

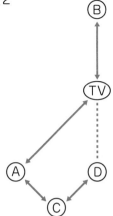

肢3

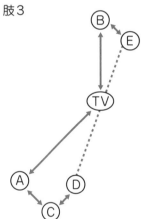

肢4

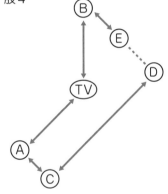

よって、肢5が正解です。

正 解 ▶ 5

　A～Eの5人は、テニス，サッカー，卓球，野球，ゴルフのいずれか異なる
スポーツ選手である。この5人に関して、次のア～オのことが分かっていると
き、確実にいえるのはどれか。

ア　CとEは、ゴルフ選手の家の近くに住んでいる。
イ　AとCは、テニス，卓球選手と同じ高校出身である。
ウ　DとEは、サッカー選手の家に遊びに行った。
エ　Cの妹は、サッカー選手の弟と同級生である。
オ　DとEは、テニス選手と同じマンションに住んでいる。

1　Aはサッカー選手である。
2　Bはゴルフ選手である。
3　Cは野球選手でない。
4　Dはテニス選手である。
5　Eは卓球選手でない。

　A～Eの5人が、5つのどのスポーツの選手かを推理する、つまり、5人と
5つのスポーツの対応関係を考えます。
　まず、条件アより、CとEはゴルフ選手とは別人ですから、CとEはゴルフ
選手ではないと分かり、同様に、以下のようになります。

　　イ　AとCは、テニス，卓球選手ではない。
　　ウ　DとEは、サッカー選手ではない。
　　エ　Cは、サッカー選手ではない。
　　オ　DとEは、テニス選手ではない。

　これより、ここまでを、対応表という表に整理します（表1）。
　表1より、テニス選手はBであり、また、Cは野球選手と分かりますので、
表のそれぞれの箇所に○を記入し、Bの
テニス以外、野球のC以外の箇所に×を
記入します（表2）。

！ここがPOINT
1人⇔1スポーツと対応するので、
○が入ったら、同じ行と列のその
他の箇所には全て×を記入します。

表1

	テ	サ	卓	野	ゴ
A	×		×		
B					
C	×	×	×		×
D	×	×			
E	×	×			×

表2

	テ	サ	卓	野	ゴ
A	×		×	×	
B	○	×	×	×	×
C	×	×	×	○	×
D	×	×		×	
E	×	×		×	×

　表2より、サッカー選手はA、Eは卓球選手と分かり、それぞれの箇所に○を記入すると、残るDはゴルフ選手となり、表3のように決まります。

表3

	テ	サ	卓	野	ゴ
A	×	○	×	×	×
B	○	×	×	×	×
C	×	×	×	○	×
D	×	×	×	×	○
E	×	×	○	×	×

　これより、肢1が正解となります。

正解 ▶ 1

44

5人の高校生 A ～ E は、それぞれ陸上部，野球部，ハンドボール部，サッカー部，ラグビー部のうちいずれか一つに所属しており、同じ部に所属している者はいない。また、それぞれの部が運動場を使用できる曜日は、互いに異なる月曜日から金曜日までのいずれか1日に割り振られている。次のことが分かっているとき、確実にいえるのはどれか。

ア　野球部は月曜日に運動場を使用する。
イ　ラグビー部は木曜日に運動場を使用する。
ウ　火曜日と水曜日は、サッカー部が運動場を使用する日ではない。
エ　A は金曜日に運動場を使用する。
オ　B は水曜日に運動場を使用する。
カ　C は月曜日に運動場を使用する。
キ　E は陸上部である。

1　A はハンドボール部である。
2　B はサッカー部である。
3　D は火曜日に運動場を使用する。
4　E は木曜日に運動場を使用する。
5　ハンドボール部は水曜日に運動場を使用する。

A ～ E の 5 人と、5 つの部活、月～金で対応表を作成し、まず、条件エ～キを記入します。また、条件ア～ウは、表 1 のように、表の下に書き添えておきます。

表 1

	陸	野	ハ	サ	ラ	月	火	水	木	金
A	×					×	×	×	×	○
B	×					×	×	○	×	×
C	×					○	×	×	×	×
D	×					×		×		×
E	○	×	×	×	×	×		×		×

↓　　　↓　↓　↓　↓　↓
月　　火× 木　野 サ× サ× ラ
　　　水×

本問も、1人⇔1つの部活⇔1つの曜日が対応するので、○を記入したら、同じ行と列には×を記入します。

これより、月曜に運動場を使用するCは野球部となります。
　また、サッカー部が運動場を使用するのは、月〜木のいずれでもないので、金曜となり、金曜に運動場を使用するAはサッカー部と分かります。
　さらに、水曜に運動場を使用するBは、ラグビー部ではなくハンドボール部となり、これより、残るDがラグビー部となり、また、ラグビー部は木曜なので、残る陸上部は火曜となり、表2のように決まります。

表2

	陸	野	ハ	サ	ラ	月	火	水	木	金
A	×	×	×	○	×	×	×	×	×	○
B	×	×	○	×	×	×	×	○	×	×
C	×	○	×	×	×	○	×	×	×	×
D	×	×	×	×	○	×	×	×	○	×
E	○	×	×	×	×	×	○	×	×	×

　これより、肢5が正解となります。

正解 ▶ 5

A ～ E の 5 人の小学生は、珠算，書道，算数，英語の 4 種類の習い事のうち 2 つを習っている。次のことが分かっているとき、確実にいえるのはどれか。

ア　A と D は珠算、B は書道、C は算数、E は英語を習っている。
イ　D が習っている 2 つの習い事は、いずれも E は習っていない。
ウ　2 つの習い事の組合せが同じ者はいない。
エ　2 つの習い事の組合せが珠算と算数である者はいない。

1　A は書道を習っている。
2　B は英語を習っている。
3　C は英語を習っている。
4　D は英語を習っている。

　A ～ E の 5 人と 4 種類の習い事で対応表を作成し、まず、条件アを記入します。

　条件イより、D と E の習い事は異なりますので、4 種類を D と E で 2 種類ずつ分けることになります。

　これより、D が習っている珠算は E に×、E が習っている英語は D に×を記入します。

　また、条件エより、A と D の算数に×、C の珠算に×を記入し、ここまでで表 1 のようになります。

　表 1 より、D のあと 1 種類は書道となり、条件イより、E のあと 1 種類は算数となります。

　さらに、条件ウより、A と D の組合せは異なりますので、A のあと 1 種類は書道ではなく英語と分かります（表 2）。

> 本問は 1 人で 2 種類を習っています。頭に入れて解きましょう！

❓ここがPOINT
組合せが同じ者はいないので、同じ珠算を習う A と D のもう 1 種類は異なるということです。

表1

	珠	書	算	英
A	○		×	
B		○		
C	×		○	
D	○		×	×
E	×			○

表2

	珠	書	算	英
A	○	×	×	○
B		○		
C	×		○	
D	○	○	×	×
E	×	×	○	○

　同様に、CとEの組合せも異なりますので、Cのあと1種類は英語ではなく書道となり、これより、同じ書道を習うB，C，Dの組合せも異なりますので、Bのあと1種類は英語と分かり、表3のように決まります。

表3

	珠	書	算	英
A	○	×	×	○
B	×	○	×	○
C	×	○	○	×
D	○	○	×	×
E	×	×	○	○

　これより、肢2が正解となります。

正 解 ▶ 2

　A～Fの6人が、コンビニエンスストアで梅干し、さけ、たらこ、おかかの4種類のおにぎりのうち、種類の違うものをひとり2個ずつ買った。今、次のア～カのことが分かっているとき、確実にいえるものはどれか。

ア　6人が買ったおにぎりの組合せは、それぞれ違っていた。
イ　A，B，Eの買ったおにぎりの1つは、同じ種類であった。
ウ　Bは、梅干しを買った。
エ　Cは、梅干しとさけを買った。
オ　Dは、Aと違う種類のおにぎりを買った。
カ　Fは、たらこを買った。

1　Aは、梅干しとたらこを買った。
2　Bは、さけを買った。
3　Dは、さけとおかかを買った。
4　Eは、たらことおかかを買った。
5　Fは、おかかを買った。

　A～Fの6人と4種類のおにぎりで対応表を作成し、条件ウ，エ，カを記入します（表1）。

　条件ア，イより、A，B，Eが買ったおにぎりは、1つが同じでもう1つは異なっていたわけですから、共通する1種類以外の3種類を、3人が1つずつ買ったことになります。

　そうすると、この3人が共通して買ったものが梅干しの場合、梅干しはCも買っていますので、Cを含む4人が買うと同じ組合せの者がいることになり、条件アに反します。

> 梅干しを含む買い方は、（梅，さけ）（梅，たらこ）（梅，おかか）の3通りしかないので、4人のうち2人は同じ組合せになります。

　同様に、さけはC、たらこはFが買っていますので、やはり4人が買うことになり、A，B，Eが共通して買ったのはおかかに決まります。

　これより、おかかのA，B，Eに〇、その他の者に×を記入し、また、Bは梅干しを買っていますので、AとEの梅干しに×を記入します（表2）。

表1

	梅干	さけ	たら	おか
A				
B	○			
C	○	○	×	×
D				
E				
F			○	

表2

	梅干	さけ	たら	おか
A	×			○
B	○	×	×	○
C	○	○	×	×
D				×
E	×			○
F			○	×

　さらに、条件オより、AとDは異なるおにぎりを買いましたので、4種類を2種類ずつ買ったことになり、Aが買っていない梅干しはDが買ったと分かります。

　そうすると、条件アより、Dのさけに×、残るたらこに○が入り、Aのたらこに×、残るさけに○が入ります（表3）。

　これより、A，Bと同じおかかを買ったEのもう1種類はたらこに、D，Eと同じたらこを買ったFのもう1種類はさけと分かり、表4のように決まります。

表3

	梅干	さけ	たら	おか
A	×	○	×	○
B	○	×	×	○
C	○	○	×	×
D	○	×	○	×
E	×			○
F			○	×

表4

	梅干	さけ	たら	おか
A	×	○	×	○
B	○	×	×	○
C	○	○	×	×
D	○	×	○	×
E	×	×	○	○
F	×	○	○	×

　以上より、肢4が正解となります。

正解 ▶ 4

No. 18 対応関係

▶ 川崎市職務経験者　▶ 2017

ある会社で働くA〜Eの5人のアルバイトの、ある週の月曜日から金曜日の勤務状況について次のア〜カのことが分かっているとき、確実にいえるのはどれか。

ア　Aは、火曜日を含む連続した3日間だけ勤務した。
イ　Bは、連続した4日間だけ勤務した。
ウ　Cは、連続した2日間だけ勤務し、2日ともアルバイトは2人だけであった。
エ　Dは、連続した2日間だけ勤務した。
オ　Eは、2日間だけ勤務し、Dとは1日だけ一緒に勤務した。
カ　いずれの日も、勤務したアルバイトは3人以下であった。

1　Bは月曜日に勤務した。
2　Dは水曜日に勤務した。
3　Dは金曜日に勤務した。
4　Eは火曜日に勤務した。
5　Eは水曜日に勤務した。

A〜Eの5人と月〜金の5日間で対応表を作成します。

まず、条件アより、Aは（月，火，水），（火，水，木）のいずれかに勤務しましたので、火，水に○、金に×を記入します。

また、条件イより、Bは、月〜木、火〜金のいずれかに勤務しましたので、火，水，木に○を記入します（表1）。

表1より、火，水は、AとBがいずれも勤務しましたので、条件ウより、Cが勤務したのは火，水以外の連続する2日間となるので、木，金に決まり、木曜はBとCの2人で勤務したことになりますので、B，C以外に×を記入すると、Aが勤務した3日間は（月，火，水）に決まります（表2）。

> Cが勤務した日は、Cともう1人だけですからね。

表1

	月	火	水	木	金
A		○	○		×
B		○	○	○	
C					
D					
E					

表2

	月	火	水	木	金
A	○	○	○	×	×
B		○	○	○	
C	×	×	×	○	○
D				×	
E				×	

　ここで、条件オより、DとEが一緒に勤務した日を考えると、条件カより、火，水ではなく、条件エより、金曜でもありませんので、月曜に決まります。

　そうすると、条件エより、Dは月，火に勤務したことになり、条件カより、Bの月曜とEの火曜に×が入ります（表3）。

　表3より、Bが勤務したのは火～金に決まり、金曜はBとCの2人が勤務しましたので、条件ウより、Eに×が入り、条件オより、Eの残る1日は水曜と分かり、表4のように決まります。

> DとEが火，水に勤務すると4人になりますし、金曜だとDが連続する2日で勤務できません。

表3

	月	火	水	木	金
A	○	○	○	×	×
B	×	○	○	○	
C	×	×	×	○	○
D	○	○	×	×	×
E	○	×		×	

表4

	月	火	水	木	金
A	○	○	○	×	×
B	×	○	○	○	○
C	×	×	×	○	○
D	○	○	×	×	×
E	○	×	○	×	×

　これより、肢5が正解です。

正解 ▶ 5

A～Dの4人が受講している夏期講習では、受講者が1時間目、2時間目、3時間目に英語、国語、理科、社会の4科目からそれぞれ任意の1科目を選んで受講することになっている。次のことが分かっているとき、確実にいえるのはどれか。

ただし、同一の科目を複数回受講した者はいなかったものとする。

ア　AとBは、1時間目は互いに異なる科目を受講したが、2時間目は一緒に英語を、3時間目は一緒に国語を受講した。
イ　C、Dは、他の人と、同じ時間には同じ科目を受講しなかった。
ウ　Cは国語を受講しなかった。また、Dは社会を受講しなかった。

1　Aは、1時間目に理科を受講した。
2　Bが1時間目に受講した科目は、Cが2時間目に受講した科目と同じだった。
3　Cが1時間目に受講した科目は、Dが3時間目に受講した科目と同じだった。
4　Cは、3時間目に英語を受講した。
5　4人全員が理科を受講した。

A～Dと1～3時間目で対応表を作成し、表中に受講した科目を記入します。

学校の時間割のようなものですね。

まず、条件アより、AとBは2時間目に英語、3時間目に国語を受講し、1時間目には理科と社会を1人ずつ受講したと分かり、表1のように記入します。AとBの理科と社会は入れ替えOKとしてかっこを付けておきますね。

そうすると、条件イより、CとDは1時間目に英語と国語を1人ずつ受講したと分かりますが、条件ウより、Cは国語を受講していませんので、1時間目にCは英語を、Dは国語を受講したことになります（表2）。

表1

	1時間目	2時間目	3時間目
A	（理科）	英語	国語
B	（社会）	英語	国語
C			
D			

※ AとBの理科と社会は入れ替え可

表2

	1時間目	2時間目	3時間目
A	（理科）	英語	国語
B	（社会）	英語	国語
C	英語		
D	国語		

　また、条件ウより、Dは社会を受講していませんので、2，3時間目に英語と理科を受講したことになりますが、条件イより、英語は2時間目ではなく3時間目で、2時間目に理科を受講したと分かります。同様に、Cは2，3時間目に理科と社会を受講していますが、2時間目にはDが理科を受講していますので、Cは2時間目に社会、3時間目に理科を受講したと分かり、表3のようになります。

表3

	1時間目	2時間目	3時間目
A	（理科）	英語	国語
B	（社会）	英語	国語
C	英語	社会	理科
D	国語	理科	英語

※ AとBの理科と社会は入れ替え可

　これより、AとBの1時間目が確定しないことに注意して選択肢を確認すると、確実にいえるのは肢3で、これが正解です。

正解 ▶ 3

　A～Cの3チームでサッカーの総当たり戦を行い、勝つと2点、負けると0点、引き分けは1点として、合計得点の多い順に順位を付けることとした。

　最初の試合では、AとBが対戦し引き分けであった。残る2試合はまだ行われていないとすると、この時点でAの状況として正しいのはどれか。

1　BがCに勝った場合、Cと引き分けても1位になれる。
2　BがCに勝った場合、Cに負けても1位になれる。
3　BがCに負けた場合、Cに勝たなければ1位になれない。
4　BがCと引き分けた場合、Cに負けても1位になれる。

　選択肢のそれぞれの場合について、勝敗表という表に勝ち負けを整理して確認します。

肢1　まず、最初の試合でAとBが引き分け、さらに、BがCに勝ち、AがCと引き分けた場合を勝敗表に記入すると、表1のようになります。
　この場合、Aは1+1=2点、Bは1+2=3点ですから、Aは1位にはなれません。

ここがPOINT

勝敗表は、勝ち（○）と負け（×）をセットで記入します。引き分けは両方に△ですね。

肢2　同様に、表2のようになり、Aは1点、Bは3点、Cは2点で、Aは最下位となります。

肢3　BがCに負けたところまでで表3のようになります。ここで、AがCに勝てば、Aは3点、Bは1点、Cは2点で、Aは1位になりますが、Cと引き分けた場合、Aは2点、Cは3点となり、Aは1位にはなれません。
　よって、本肢は正しくいえます。

肢4　BがCと引き分け、AがCに負けると表4のようになり、肢2同様、Aは最下位となります。

表1

	A	B	C
A		△	△
B	△		○
C	△	×	

表2

	A	B	C
A		△	×
B	△		○
C	○	×	

表3

	A	B	C
A		△	
B	△		×
C		○	

表4

	A	B	C
A		△	×
B	△		△
C	○	△	

よって、肢3が正解です。

正解 ▶ 3

No. 21 リーグ戦

▶ 特別区経験者採用　　▶ 2016

第1部　判断推理

A～Eの5人が、総当たり戦で剣道の試合を行った。今、試合の結果について、次のア～エのことが分かっているとき、確実にいえるのはどれか。

ア　Aは、Cに勝ち、Eに負けた。
イ　Bは、Aに勝ち、Dに負けた。
ウ　Eは、Cに勝ち、Dに負けた。
エ　総当たり戦の終了時点で引き分けた試合はなく、同じ勝敗数の人はいなかった。

1　Aは、4位であった。
2　Bは、3位であった。
3　Cは、1勝3敗であった。
4　Dは、3勝1敗であった。
5　Eは、Bに勝った。

　A～Eの5人で勝敗表を作成し、条件ア～ウを記入します（表1）。
　条件エより、引き分けはなく、同じ勝敗数の人がいないということは、4勝0敗から0勝4敗まで各1人ずついたことになります。

❗ここがPOINT
1人4試合するので、勝ち数は4～0の5通りとなります。

　これより、4勝0敗（全勝）の可能性がある人を考えると、表1の段階で×が1つも入っていないのはDのみですから、Dが4勝0敗で、A, Cにも勝っていると分かります。
　同様に、0勝4敗（全敗）の可能性があるのは、○が1つも入っていないCとなり、CはBにも負けていると分かります（表2）。

表1

	A	B	C	D	E
A		×	○		×
B	○			×	
C	×				×
D		○			○
E	○		○	×	

表2

	A	B	C	D	E
A		×	○	×	×
B	○		○	×	
C	×	×		×	×
D	○	○	○		○
E	○		○	×	

57

表2より、Aは1勝3敗と分かり、残るBとEは、この段階でともに2勝1敗ですから、BE戦の勝者が3勝1敗、敗者が2勝2敗となりますが、これ以上は確定しません。

　以上をまとめると、次のようになります。

```
1位  4勝0敗  →  D
2位  3勝1敗  →  BE戦の勝者
3位  2勝2敗  →  BE戦の敗者
4位  1勝3敗  →  A
5位  0勝4敗  →  C
```

　これより、肢1が正解です。

正解 ▶ 1

【復習用】

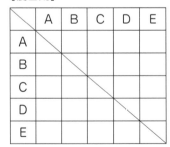

No. 22 リーグ戦

A〜Fの6人が総当たりで柔道の試合をした。その結果、A，C，Eはそれぞれ4勝1敗、Bは2勝3敗、Dは全敗であった。このとき、確実にいえるのはどれか。なお、引き分けはなかった。

1　AはBに勝ったが、Eに負けた。
2　BはCに負けたが、Fに勝った。
3　CはAに勝ったが、Eに負けた。
4　EはBに負けたが、Fに勝った。
5　FはAに勝ったが、Cに負けた。

条件より、A，C，Eはそれぞれ1敗しかしていませんが、この3人も互いに試合をしていますので、AC戦、AE戦、CE戦で敗者が1人ずついることになります。

すなわち、A，C，Eの1敗は、この3試合で1回ずつ負けたことになり、誰がどの試合で負けたかは不明ですが、他の試合には勝っていると分かります。

> **⚠ ここがPOINT**
> この3人の1敗の相手は、やはりこの3人の誰かなのです。

これより、A，C，Eはいずれも、B，D，Fに勝っており、条件より、Dは全敗ですから、ここまでを勝敗表に記入します（表1）。

表1

	A	B	C	D	E	F	戦績
A	\	○		○		○	4勝1敗
B	×	\	×	○	×		
C		○	\	○		○	4勝1敗
D	×	×	×	\	×	×	0勝5敗
E		○		○	\	○	4勝1敗
F	×		×	○	×	\	

そうすると、条件より、Bは2勝3敗ですから、表1で残るFには勝っていると分かり、Fは1勝4敗で、表2のようになります。

表2

	A	B	C	D	E	F	戦　績
A		○		○		○	4勝1敗
B	×		×	○	×	○	2勝3敗
C		○		○		○	4勝1敗
D	×	×	×		×	×	0勝5敗
E		○		○		○	4勝1敗
F	×	×	×	○	×		1勝4敗

　　残る、A，C，Eの互いの試合については、それぞれ1敗ずつですが、具体的な勝敗は分かりません。

　　これより、選択肢を検討すると、肢2が正解となります。

> 肢1と肢3は可能性はありますが、確実にはいえません。

正　解 ▶ 2

【復習用】

	A	B	C	D	E	F	戦　績
A							
B							
C							
D							
E							
F							

No. 23 リーグ戦　　▶ 国家一般職（社会人）　▶ 2020

　　五つのサッカーチーム A ～ E が総当たりのリーグ戦を行った。各試合の結果は、勝利、敗戦、引き分けのいずれかであり、各試合の勝ち点は、勝利の場合は 3 点、敗戦の場合は 0 点、引き分けの場合は 1 点である。次のことが分かっているとき、確実にいえるのはどれか。

ア　勝ち点の合計は、5 チームで互いに**異なっており**、いずれも偶数であった。

イ　A チームの勝ち点の合計は、8 点であった。

ウ　引き分けの試合は、A チーム対 B チーム、A チーム対 C チームの 2 試合のみであった。

エ　D チームは、A チームとは勝利数が、C チームとは敗戦数が、それぞれ同じであった。

1　A チームは、D チームに敗戦した。
2　B チームは、E チームに勝利した。
3　C チームの勝ち点は、6 点であった。
4　D チームの敗戦数は、1 であった。
5　E チームの勝利数は、4 であった。

　　各チームは 4 試合行いますので、条件より、勝ち点は最大で 3 × 4 = 12（点）ですから、条件アより、勝ち点が 0 ～ 12 の偶数になる戦績を調べると、表 1 のようになります。

表 1

勝ち点	戦　　　績
12	4 勝 0 敗 0 分
10	3 勝 0 敗 1 分
8	2 勝 0 敗 2 分
6	2 勝 2 敗 0 分　または　1 勝 0 敗 3 分
4	1 勝 2 敗 1 分　または　0 勝 0 敗 4 分
2	0 勝 2 敗 2 分
0	0 勝 4 敗 0 分

第1部　判断推理

ここで、条件イより、A チームは 2 勝 0 敗 2 分となり、条件ウより、B，C チームと引き分けて、D，E チームに勝ったと分かります。
　また、条件エより、D チームの勝利数は A と同じ 2 勝ですが、引き分けはないので、2 勝 2 敗 0 分（勝ち点 6）となります。また、C チームの敗戦数は D と同じ 2 敗ですが、引き分けが 1 試合あるので、1 勝 2 敗 1 分（勝ち点 4）となります。

> 引き分けは、条件ウの 2 試合だけです。

　さらに、B もまた、引き分けが 1 試合あるので、表 1 から探すと、3 勝 0 敗 1 分（勝ち点 10）に決まり、A 以外には勝っていると分かりますので、ここまでを勝敗表に記入します（表 2）。

表 2

	A	B	C	D	E	勝ち点	戦　績
A		△	△	○	○	8	2 勝 0 敗 2 分
B	△		○	○	○	10	3 勝 0 敗 1 分
C	△	×				4	1 勝 2 敗 1 分
D	×	×				6	2 勝 2 敗 0 分
E	×	×					

　表 2 より、D は C と E に勝っており、C は E に勝っていると分かりますね。
これより、E は 0 勝 4 敗 0 分（勝ち点 0）と分かり、表 3 のようになります。

表 3

	A	B	C	D	E	勝ち点	戦　績
A		△	△	○	○	8	2 勝 0 敗 2 分
B	△		○	○	○	10	3 勝 0 敗 1 分
C	△	×		×	○	4	1 勝 2 敗 1 分
D	×	×	○		○	6	2 勝 2 敗 0 分
E	×	×	×	×		0	0 勝 4 敗 0 分

　よって、肢 2 が正解です。

正解 ▶ 2

No. **24** トーナメント戦　　　　▶ 特別区経験者採用　　▶ 2018

A〜Hの8人が将棋のトーナメント戦を行った。今、トーナメント戦の結果について、3人から次のような発言があったとき、確実にいえるのはどれか。

A 「Bに負けた。」
C 「Bには勝ったが、Gには負けた。」
F 「Eと対戦した。」

1　CとDは対戦した。
2　DとGは対戦した。
3　EとGは対戦しなかった。
4　FとHは対戦しなかった。
5　GとHは対戦しなかった。

　トーナメント戦は1回負けたらそこで敗退ですね。8人の場合、図1のように、1回戦4試合、2回戦（準決勝）2試合で、3回戦で決勝となります。

> 特に指示がないので、最も一般的な、この形であると判断します。

図1

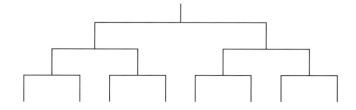

　まず、AとCの発言から、AはBに負けて敗退し、勝ったBはその後Cに負けて敗退しています。そして、そこで勝ったCはその後Gに負けて敗退ですから、AB戦は1回戦、BC戦は2回戦で、CG戦が決勝戦と分かり、決勝戦で勝ったGは優勝ですね。ここまでを図2のように記入します。

図2

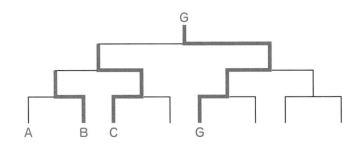

また、Fの発言より、FとEが対戦できる試合を探すと1回戦の空いている1組に決まり、残る2か所はDとHのいずれかですが、特定しません（図3）。

図3

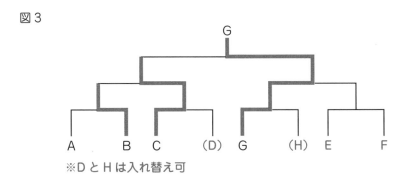

※DとHは入れ替え可

これより、DとHが入れ替えOKであることに気をつけて選択肢を確認すると、確実にいえるのは肢4で、これが正解です。

肢3は、EF戦でFが勝ったら、EとGは対戦しなかった可能性はありますね。肢1, 2, 5も可能性はありますが、いずれも確実にはいえません。

正解 ▶ 4

No. 25 トーナメント戦　▶ 国家一般職（社会人）　▶ 2013

　A〜Eの5人の選手により、図のようなバドミントンのトーナメント戦が行われた。その結果、行われた4試合のうち、左利きの選手が右利きの選手に勝利した試合が2試合あった。このとき、優勝した可能性がある選手を全て挙げているのはどれか。

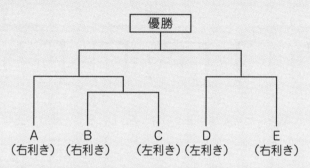

1　A, B, E
2　A, C
3　A, D, E
4　B, C, E
5　C, D

　左利きのCとDが右利きの選手に勝った2試合で、次のように場合分けをします。

(1) Cが右利きの選手に2勝した場合

　Cが1回戦でBに、2回戦でAに勝って決勝に進んだことになります。
　このとき、Dは右利きの選手に1勝もしていないことになりますので、DE戦はEが勝ち、決勝戦はCE戦となりますが、ここでCはEに勝ってはいませんので、Eが優勝となります（図1）。

> Cが勝ったのは1、2回戦の2試合だけですね。

(2) Dが右利きの選手に2勝した場合

　Dが初戦でEに勝って決勝に進みます。このとき、Cは1勝もしていませんので、Dの決勝戦の相手は、2回戦のAB戦の勝者で、Dはこれに勝って優勝したことになります（図2）。

（3）CとDが右利きの選手に1勝ずつした場合

　Cは1回戦でBに勝ち、2回戦でAに敗れたことになりますので、Aが決勝に進みます。

　Dは初戦でEに勝ち決勝に進みますが、Aに敗れたことになりますので、Aが優勝したことになります（図3）。

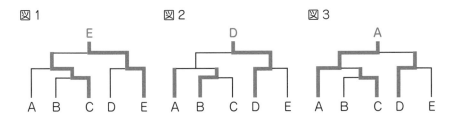

図1　　　　　　　　　図2　　　　　　　　　図3

　以上より、優勝した可能性があるのは、A，D，Eで、肢3が正解です。

正解 ▶ 3

　A ～ F の 6 チームが、次の図のようなトーナメント戦でバレーボールの試合を行い、2 回戦で負けた者同士で 3 位決定戦を、1 回戦で負けた者同士で 5 位決定戦を行って順位を決めた。今、トーナメント戦の結果について、次のア～エのことが分かっているとき、確実にいえるのはどれか。ただし、図の太線は、勝ち進んだ結果を表すものとする。

ア　A は、D に勝った。
イ　B は、A に負けて 1 勝 1 敗であった。
ウ　E は、準優勝した。
エ　F は、2 勝 1 敗であった。

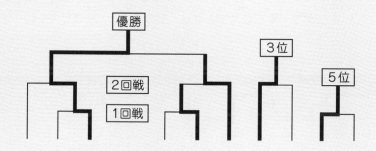

1　A は、2 勝 1 敗であった。
2　B は、3 位であった。
3　C は、E に負けた。
4　D は、4 位であった。
5　F は、B と D に勝った。

　図 1 のように、6 チームを①～⑥とすると、条件ウより、E は⑥と分かります。

図1

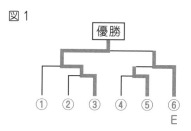

条件より、3位決定戦は①と⑤、5位決定戦は②と④で行われていますので、各チームが行った試合の数を確認すると、次のようになります。

　　①　2試合　　②　2試合　　③　3試合　　④　2試合　　⑤　3試合　　⑥　2試合

　そうすると、条件エより、Fは3試合していますので、③または⑤ですが、③は3勝で優勝していますので、Fは⑤と分かります。Fは2回戦で敗れていますので、3位決定戦に勝って2勝1敗の3位となります。
　また、条件ア、イより、AはBとDに勝っていますので、2勝以上しておりますが、そのようなチームは、①～④では③のみで、Aは③と分かります。
　そうすると、Aに負けたBとDは、①、②のいずれかで、①は3位決定戦に敗れて2敗ですから、条件イより、1勝1敗のBは②となり、Bは5位決定戦に勝ったと分かります。

> 3位決定戦の勝者はFです。

　よって、Dは①で、残るCは④となり、図2のように決まります。

図2

　これより、1位はA、2位はE、3位はF、4位はD、5位はB、6位はCとなり、肢4が正解となります。

正解 ▶ 4

1〜6の異なる数字が一つずつ書かれた6枚のカードのうち、5枚のカードをA〜Eの5人に1枚ずつ配った。次のことが分かっているとき、Bに配られたカードの数字はいくつか。

ア　Aに配られたカードの数字は1であった。
イ　Bに配られたカードの数字はEに配られたカードの数字より2大きかった。
ウ　CとDに配られたカードの数字の和は6であった。

1　1　　　2　2　　　3　4　　　4　5　　　5　6

　条件アより、Aのカードは1ですから、残る4人に配られたのは2〜6のいずれかで、このうち和が6になるのは2と4しかありませんから、条件ウより、CとDのカードは2と4の組合せと分かります（表1）。

表1

1	2	3	4	5	6
A	(C)		(D)		

※ CとDは入れ替え可

　そうすると、残るカードで条件イを満たすのは、Eが3、Bが5に決まり、表2のようになります。

表2

1	2	3	4	5	6
A	(C)	E	(D)	B	

※ CとDは入れ替え可

　よって、Bに配られたカードの数字は5で、肢4が正解です。

正解 ▶ 4

1〜6の数字が1つずつ書かれた6枚のカードがある。いま、AとBの2人がじゃんけんをして勝ったほうが1枚ずつカードを引いていく。4回目のじゃんけんが終わった時点で、Aが持っているカードの数の合計はBより8大きく、6回目のじゃんけんが終わったとき、Aは4枚のカードを持っており、カードの数の合計は12であった。Aが最後に引いたカードの数として正しいのはどれか。ただし、じゃんけんにあいこはなかったものとする。

1　1　　　　2　2　　　　3　3　　　　4　4　　　　5　5

　　1〜6のカードの数を合計すると、1 + 2 + 3 + 4 + 5 + 6 = 21になります。6回目のじゃんけんが終わったとき、Aのカードは4枚で合計12ですから、Bのカードは2枚で合計は21 − 12 = 9と分かります。

　　そうすると、4回目のじゃんけんが終わった時点で、AとBのカードの数の合計の差は8でしたが、6回目のじゃんけんが終わったときのそれは12 − 9 = 3で、最後の2回で8 − 3 = 5だけ差が縮まったことになります。

　　ここで、最後の2回のじゃんけんについて、仮に、2回ともBが勝ったとすると、Bはその2回で合計9になる2枚を引いたわけで、Aとの差は9縮まることになり矛盾します。

　　これより、最後の2回は、AとBが1回ずつ勝ち、引いたカードの差が5であったことから、Aは1、Bは6を引いたと分かります。

　　よって、肢1が正解です。

正解 ▶ 1

　たくさんのコインが入っている袋からコインを取り出すゲームを、AとBの2人が行う。AとBがじゃんけんをして、勝てば7枚、負ければ4枚、あいこなら2人とも5枚のコインを取り出す。今、じゃんけんを10回したところで、それぞれのコインの合計枚数を確認すると、AのほうがBより15枚多かった。Aの合計枚数としてあり得る最小数と最大数はいくらか。

	最小数	最大数
1	58	62
2	58	64
3	60	61
4	60	62
5	60	64

　あいこの場合には差はつきませんので、差がつくのは勝負がついたときのみで、勝ったほうは負けたほうより 7 − 4 = 3（枚）多く取り出すことになります。
　すなわち、15枚の差がついたということは、Aのほうが、15 ÷ 3 = 5（回）多く勝ったことになり、そのようなAの勝ち負けの回数とそれぞれの合計枚数は、次の3通りとなります。

勝ち	負け	あいこ	合計枚数
5	0	5	7 × 5 + 4 × 0 + 5 × 5 = 60
6	1	3	7 × 6 + 4 × 1 + 5 × 3 = 61
7	2	1	7 × 7 + 4 × 2 + 5 × 1 = 62

　よって、最小で60枚、最大で62枚となり、肢4が正解です。

正解 ▶ 4

赤，白，青の花が４本ずつあり，Ａ〜Ｄの４人が３本ずつ持っている。赤い花はＣ以外の３人が持ち，白い花はＡ以外の３人が持っている。また，ＡとＢ，さらに，ＣとＤが持っている花を１本ずつ交換すると，４人とも赤，白，青の花を１本ずつ持つことになった。このとき，交換前の状況について正しいのはどれか。

1　青い花は，Ａ，Ｃ，Ｄの３人が持っていた。
2　Ａは，青い花を２本持っていた。
3　Ｃは赤い花を２本持っていた。
4　Ｄは白い花を２本持っていた。

　　条件より，交換前のＡは白を持っていなかったので，Ｂから白をもらって，赤，白，青が１本ずつになったわけで，交換前から赤と青は持っていたことが分かります。
　　一方，Ｂについては，条件より，交換前から赤と白は持っており，Ａに白をあげて，白以外をもらって，赤，白，青が１本ずつになったので，Ａから青をもらったことが分かります。
　　これより，交換前のＡは青を２本，Ｂは白を２本持っていたことになり，交換の状況は表１のようになります。

表１

	A			B		
交換前	赤	青	青	赤	白	白
交換後	赤	青	白	赤	青	白

　　同様に，Ｃは，交換前は赤を持っていなかったので，Ｄから赤をもらい，Ｄは交換前から赤と白を持っていたので，Ｃに赤をあげて，赤以外をもらったことになります。これで，それぞれ，赤，青，白が１本ずつになったので，ＤはＣから青をもらったことが分かります。
　　すなわち，交換前のＣは青を２本，Ｄは赤を２本持っていたことになり，表２のようになります。

表2

	C	D
交換前	白　青　青	赤　赤　白
交換後	白　青　赤	赤　青　白

以上より、肢2が正解です。

正 解 ▶ 2

A〜Eの5人は、回転ずし店で夕食をとった。すしの値段は表の通りであった。次のことが分かっているとき、確実にいえるのはどれか。

皿の色（値段）	ネタ	
赤皿（200円）	いか	たこ
黒皿（300円）	まぐろ	いくら
金皿（400円）	うに	たい

ア　5人はそれぞれ3皿以上注文した。
イ　5人が注文した金額の合計は5,000円であった。また、注文した金額が最も多かったのはAで、1,600円であった。
ウ　5人とも「まぐろ」を注文した。
エ　A，B，Cは「いくら」を注文した。
オ　Dは、赤皿を2皿、黒皿を1皿、金皿を1皿の合計4皿を注文した。
カ　同じネタを2皿以上注文した者はいなかった。

1　Aは「たこ」を注文した。
2　Bは赤皿を2皿注文した。
3　Cが注文した金額は800円であった。
4　Dは「うに」を注文した。
5　Eは金皿を1皿注文した。

　条件オより、Dが注文した金額は、200 × 2 ＋ 300 × 1 ＋ 400 × 1 ＝ 1,100（円）ですから、条件イより、AとDを除く3人が注文した金額は、5,000 −（1,600 ＋ 1,100）＝ 2,300（円）となります。
　また、条件ウ，エより、BとCは、「まぐろ」と「いくら」で、300 ＋ 300 ＝ 600（円）、Eは「まぐろ」で300円を注文していますので、3人の注文金額の残りは、2,300 −（600 ＋ 600 ＋ 300）＝ 800（円）となります。
　そうすると、条件アより、最少でもBとCはあと1皿、Eはあと2皿で計4皿は注文していますが、4皿で800円となるのは、すべて赤皿の場合のみですから、BとCは赤皿を1皿、Eは赤皿を2皿注文したことになります。
　また、Aの注文金額は1,600円ですが、6種類すべてのネタを1皿ずつ注文すると、200 × 2 ＋ 300 × 2 ＋ 400 × 2 ＝ 1,800（円）ですから、Aは赤皿1皿を除く5種類のネタを注文したと分かります。
　以上より、5人の注文したネタと金額は以下のように分かります。

	赤皿（200円）		黒皿（300円）		金皿（400円）		注文金額
	いか	たこ	まぐろ	いくら	うに	たい	
A	いずれか1皿		○	○	○	○	1,600円
B	いずれか1皿		○	○	×	×	800円
C	いずれか1皿		○	○	×	×	800円
D	○	○	○	×	いずれか1皿		1,100円
E	○	○	○	×	×	×	700円

よって、肢3が正解です。

正 解 ▶ 3

A～Eの5人の子供が遊んでいたところ、このうちの1人が誤って花瓶を割ってしまった。5人に話を聞いたところ、次のような返事が返ってきた。このとき、5人のうち3人が本当のことを言い、2人がうそをついているとすると、確実にいえるのはどれか。

A 「割ったのはCだ。」
B 「Dはうそをついている。」
C 「割ったのはAかDだ。」
D 「割ったのはAだ。」
E 「私は割っていない。」

1 Aは、本当のことを言っている。
2 Bは、本当のことを言っている。
3 Cは、本当のことを言っている。
4 Dは、本当のことを言っている。
5 Eは、本当のことを言っている。

　花瓶を割った人を仮定して、5人の発言の真偽（〇，×）を表に整理します。
　まず、Aの発言については、割ったのがCの場合は〇ですが、C以外の場合は×になりますので、表1のようになります。
　同様に、Cの発言については、割ったのがA，Dの場合は〇、それ以外の場合は×、Dの発言については、割ったのがAの場合は〇、A以外の場合は×を記入します（表2）。

表1

		割った人（仮定）				
		A	B	C	D	E
発言者	A	×	×	〇	×	×
	B					
	C					
	D					
	E					

表2

		割った人（仮定）				
		A	B	C	D	E
発言者	A	×	×	〇	×	×
	B					
	C	〇	×	×	〇	×
	D	〇	×	×	×	×
	E					

　さらに、Eの発言については、割ったのがEの場合は×、E以外の場合は○、Bの発言については、Dが×ならBは○、Dが○ならBは×を記入し、表3のようになります。

> Bのような発言は、相手（D）と○、×が逆になります。

表3

		割った人（仮定）				
		A	B	C	D	E
発言者	A	×	×	○	×	×
	B	×	○	○	○	○
	C	○	×	×	○	×
	D	○	×	×	×	×
	E	○	○	○	○	×

　表3より、○が3人、×が2人なのは、花瓶を割ったのがA，C，Dのいずれかの場合で、いずれにおいても本当のことを言っているのはEのみですから、肢5が正解となります。

正解 ▶ 5

【復習用】

		割った人（仮定）				
		A	B	C	D	E
発言者	A					
	B					
	C					
	D					
	E					

あるクラブで、A～Eの5人から2人の役員が選出された。誰が選出されるかについて、この5人が事前に予想し、次のように発言したが、予想が当たっていたのは5人のうち1人だけであった。このとき、予想が当たったのは誰か。

A 「Cは選出される。」
B 「Eは選出されない。」
C 「AとBのうち、少なくとも1人は選出される。」
D 「私は選出される。」
E 「Dの予想は外れる。」

1 A　　　2 B　　　3 C　　　4 D　　　5 E

　　まず、DとEの発言に着目します。
　　Dの予想が外れた場合、E予想は当たったことになり、Dの予想が当たった場合は、Eの予想は外れたことになります。
　　すなわち、DとEは、どちらか一方が当たりで、一方が外れの関係にあり、予想が当たったのは1人だけですから、それはこの2人のどちらかということになります。
　　そうすると、A，B，Cの3人については、予想が外れたことが確定しますので、各人の発言より、次のように分かります。

! ここがPOINT
○が1人しかいないときは、このような「○と×の関係」の発言を探してみましょう！
×が1人だけの場合も同様です。

　　　Aの予想×　→　Cは選出されなかった
　　　Bの予想×　→　Eは選出された
　　　Cの予想×　→　A，Bは2人とも選出されなかった

　　これより、選出された2名のうち1名はEで、もう1名はDとなりますので、Dの予想が当たり、Eの予想が外れたと分かります。
　　よって、予想が当たったのはDで、肢4が正解です。

正解 ▶ 4

No. 34 真偽 ▶ 刑務官（社会人） ▶ 2016

　A，B，Cの3人の生徒がおり、それぞれ合唱部，美術部，野球部のいずれか異なる部に所属している。また、クラスについては、1人が1組、2人が2組である。

　3人は、所属する部について次のように発言したが、自分と同じクラスの者について発言しているときは正しく、自分と異なるクラスの者について発言しているときは誤っていた。このとき、確実にいえるのはどれか。

A　「Bは合唱部である。」
B　「Cは合唱部である。」
C　「Aは野球部である。」

1　Aは美術部である。
2　Bは合唱部である。
3　Cは野球部である。
4　Aは1組である。
5　Bは1組である。

　A～Cの発言は、A～Cの1人ずつのことを言っています。

　すなわち、このうち、1組の生徒は2組の生徒のことを、2組の生徒の1人は1組の生徒のことを、2組の生徒のもう1人は同じ2組の生徒のことを言っていますから、条件より、発言が正しいのは1人だけとなります。

　そうすると、AとBの発言は両方正しいことはありませんが、仮に、両方が誤りであるとすると、B，Cとも合唱部ではないので、Aが合唱部となり、Cの発言も誤りになってしまいます。

　したがって、本当のことを言っているのはAかBのいずれかとなり、Cの発言は誤りですから、Aは野球部ではありません。

　ここで、次のように場合分けをします。

（1）Aの発言が正しい場合

　Bは合唱部となり、Aは野球部ではないので美術部に、残るCは野球部となります。

　Aの発言が正しいので、AとBが2組で、Cが1組となり、表1のようになります。

表1

A	B	C
2組	2組	1組
美術部	合唱部	野球部

（2）Bの発言が正しい場合

　同様に、Cは合唱部で、Aは美術部、Bは野球部となり、BとCが2組で、Aが1組となり、表2のようになります。

表2

A	B	C
1組	2組	2組
美術部	野球部	合唱部

　表1，2より、確実にいえるのは肢1となります。

正 解 ▶ 1

No.35 真偽

▶ 川崎市職務経験者　▶ 2017

時計, コップ, ペン立てが1つずつあり、赤, 青, 緑の箱に1つずつ入っている。今、どの色の箱に何が入っているか知らないA〜Dの4人が、箱の中身について次のように発言したが、下線部が事実と合っていたのは1人だけで、他の3人の発言は下線部が事実と異なっていた。このとき、確実にいえるのはどれか。

A 「赤の箱には時計が<u>入っている</u>。」
B 「青の箱には時計が<u>入っていない</u>。」
C 「青の箱にはコップが<u>入っていない</u>。」
D 「緑の箱にはコップが<u>入っていない</u>。」

1 赤の箱にはコップが入っており、青の箱には時計が入っている。
2 赤の箱にはコップが入っており、青の箱にはペン立てが入っている。
3 赤の箱にはペン立てが入っており、緑の箱には時計が入っている。
4 青の箱には時計が入っており、緑の箱にはコップが入っている。
5 青の箱には時計が入っており、緑の箱にはペン立てが入っている。

下線部が〇なのは1人だけですから、まず、BとCの発言について、この2人の発言のうち、少なくとも片方は下線部が×になります。

しかし、仮に、Bが×なら、青の箱には時計が入っていることになり、Cが×なら、青の箱にはコップが入っていることになって矛盾しますので、両方が×ということはなく、BとCのどちらかは〇と分かります。

また、CとDの発言についても、両方とも×なら、青の箱にも緑の箱にもコップが入っていることになり矛盾しますので、CとDもどちらかは〇と分かります。

これより、発言の下線部が〇なのはCとなり、各人の発言から次のように分かります。

Aの発言の下線部×　→　赤の箱には時計が入っていない
Bの発言の下線部×　→　青の箱には時計が入っている
Cの発言の下線部〇　→　青の箱にはコップが入っていない
Dの発言の下線部×　→　緑の箱にはコップが入っている

よって、青の箱には時計、緑の箱にはコップ、赤の箱にはペン立てが入っていることになり、肢4が正解です。

正解 ▶ 4

ある集団について、次のことが分かっているとき、確実にいえるのはどれか。

ア　登山が好きな人は、水泳が好きである。
イ　水泳が好きな人は、ゴルフが好きでない。
ウ　テニスが好きな人は、登山が好きである。

1　登山が好きな人は、ゴルフが好きである。
2　水泳が好きでない人は、テニスが好きである。
3　ゴルフが好きな人は、テニスが好きでない
4　ゴルフが好きでない人は、登山が好きである。
5　テニスが好きでない人は、ゴルフが好きでない。

ア～ウの命題を論理式に表すと、次のようになります。

ア　登山 → 水泳
イ　水泳 → $\overline{ゴルフ}$
ウ　テニス → 登山

論理式については、
次ページ参照。

さらに、まとめると、次のようになります。

テニス　→　登山　→　水泳　→　$\overline{ゴルフ}$

これより、「テニス → $\overline{ゴルフ}$」が導け、対偶を作ると「ゴルフ → $\overline{テニス}$」
となり、肢3が確実にいえます。

正解 ▶ 3

❖ 論理式の基本知識

基本知識①　命題と論理式

　真偽の判断がつく文章を「命題」といい、「A ならば B である」という命題を「A → B」のように表し、これを「論理式」という。

基本知識②　否定

　「A である」の否定は「A でない」で、論理式では「$\overline{A}$」と表し、「A バー」と読む。

　「A」の否定は「$\overline{A}$」で、「$\overline{A}$」の否定は「A」となる。

基本知識③　三段論法

　「A → B」「B → C」という 2 つの論理式には「B」が共通しているので、「B」をひとつにまとめて「A → B → C」とすることができ、ここから「A → C」が導ける。

　　例）「警察官は公務員である」「公務員は勤勉である」を論理式にすると、次のようになり「警察官は勤勉である」が導ける。

$$\left.\begin{array}{l}\text{「警 → 公」} \\ \text{「公 → 勤」}\end{array}\right\}\text{「警 → 公 → 勤」}\ \Rightarrow\ \text{「警 → 勤」}$$

　このように、たとえば、A と C の間にいくつもの項目があっても、A から C に矢印が繋がれば、「A → C」を導くことができる。

基本知識④　対偶

　命題「A → B」の左右を入れ替えて両方を否定した「$\overline{B}$ → $\overline{A}$」を「対偶」といい、元の命題と同じ意味になる。

　　例）「警 → 公」（警察官は公務員である）の対偶は、「$\overline{公}$ → $\overline{警}$」（公務員でなければ警察官ではない）となり、元の命題と同じ意味になる。

ある高校の生徒について、好きな菓子を調べたところ、次のア～オのことが分かった。

ア　チョコレートが好きな生徒は、キャンデーが好きである。
イ　せんべいが好きな生徒は、ビスケットが好きである。
ウ　ポテトチップが好きな生徒は、ビスケットが好きでない。
エ　せんべいが好きでない生徒は、チョコレートが好きである。
オ　ビスケットが好きでない生徒は、ようかんが好きでない。

以上から判断して、確実にいえるのはどれか。

1　せんべいが好きでない生徒は、キャンデーが好きでない。
2　ビスケットが好きな生徒は、せんべいが好きである。
3　キャンデーが好きでない生徒は、ポテトチップが好きでない。
4　ようかんが好きな生徒は、ポテトチップが好きである。
5　チョコレートが好きでない生徒は、ビスケットが好きでない。

ア～オの命題を論理式に表すと、次のようになります。

ア　チョコ → キャンデー
イ　せんべい → ビスケット
ウ　ポテチ → $\overline{\text{ビスケット}}$
エ　$\overline{\text{せんべい}}$ → チョコ
オ　$\overline{\text{ビスケット}}$ → $\overline{\text{ようかん}}$

命題イは対偶を作り「$\overline{\text{ビスケット}}$ → $\overline{\text{せんべい}}$」として、これらをまとめると、次のようになります。

ポテチ　→　$\overline{\text{ビスケット}}$　→　$\overline{\text{せんべい}}$　→　チョコ　→　キャンデー
　　　　　　　↓
　　　　　$\overline{\text{ようかん}}$

これより「ポテチ → キャンデー」が導けますので、対偶を作ると「$\overline{\text{キャンデー}}$ → $\overline{\text{ポテチ}}$」となり、肢3が確実にいえます。

正解 ▶ 3

No.
38 命題と論理　　▶ 国家一般職（社会人）　▶ 2017

第1部　判断推理

あるクラスの生徒の通学手段，通学時間，読書量について次のことが分かっているとき、確実にいえるのはどれか。

ア　電車を利用している生徒は、月に3冊以上の本を読む。
イ　バスを利用している生徒は、自転車を利用していない。
ウ　通学時間が30分未満の生徒は、自転車を利用しており、かつ、月に1冊以上の本を読む。
エ　月に5冊以上の本を読む生徒は、バスを利用している。

1　電車を利用している生徒は、自転車も利用している。
2　バスを利用していない生徒は、通学時間が30分未満である。
3　自転車を利用していない生徒は、月に3冊以上の本を読む。
4　月に3冊以上の本を読む生徒は、バスを利用している。
5　月に5冊以上の本を読む生徒は、通学時間が30分以上である。

ア～エの命題を論理式に表すと、次のようになります。

ア　電車 → 3冊以上
イ　バス → $\overline{自転車}$
ウ　30分未満 → 自転車 ∧ 1冊以上
エ　5冊以上 → バス

命題ウの右側は分解して「30分未満 → 自転車」「30分未満 → 1冊以上」とし、さらに対偶を作り「$\overline{自転車}$ → $\overline{30分未満}$」「$\overline{1冊以上}$ → $\overline{30分未満}$」として、命題イ～エをまとめると、次のようになります。

> 命題の分解については、次ページ参照。

5冊以上　→　バス　→　$\overline{自転車}$　→　$\overline{30分未満}$　←　$\overline{1冊以上}$

これより、「5冊以上 → $\overline{30分未満}$」が導け、「30分未満」の否定は「30分以上」ですから、「5冊以上 → 30分以上」となり、肢5が確実にいえます。

正解 ▶ 5

❖ 命題の分解

　論理式で、「かつ」は「∧」、「または」は「∨」の記号を用い、次のような場合は、2つに分解することができる。

　　　「A→B∧C」　=　「A→B」「A→C」
　　　「A∨B→C」　=　「A→C」「B→C」

例1)「公務員は勤勉で誠実だ」を論理式で表すと「公 → 勤∧誠」となり、「公 → 勤」（公務員は勤勉だ）と、「公 → 誠」（公務員は誠実だ）に分解できる。

例2)「警察官または消防官はスポーツが得意だ」を論理式で表すと「警∨消 → スポーツ」となり、「警 → スポーツ」（警察官はスポーツが得意だ）と「消 → スポーツ」（消防官はスポーツが得意だ）に分解できる。

あるクラスの生徒全員に、A～Dの4つの小説を読んだことがあるか聞いたところ、誰も読んだことのない小説はなく、さらに次のことがわかった。ここから確実にいえるのはどれか。

ア　Aを読んだことがある人は、Bも読んだことがある。
イ　Bを読んだことがある人は、Cも読んだことがある。
ウ　Dを読んだことがある人は、Cも読んだことがある。
エ　4つ全部を読んだことがある人はいなかった。

1　Cを読んだことがある人は、Aも読んだことがある。
2　Cを読んだことがある人は、Dも読んだことがある。
3　Cのみを読んだことがある人がいた。
4　AとDの両方を読んだことがある人はいなかった。
5　AとBの両方を読んだことがある人はいなかった。

　ア～ウの命題を論理式で表すと、次のようになります。

　　　ア　A→B　　　イ　B→C　　　ウ　D→C

これらをまとめると、次のようになります。

　　　A　→　B　→　C　←　D

これと命題エより、選択肢を確認します。

肢1　論理式より、A→Cは導けますが、その逆は導けません。

肢2　論理式より、C→Dは導けません。

肢3　A，B，Dのいずれかを読んだことがある人は、全員Cを読んだことがありますが、Cのみを読んだことがある人が確実にいるかは分かりません。

肢4　Aを読んだことがある人は、BとCも読んでいますので、命題エより、Dは読んでいないことになります。よって、確実にいえます。

肢5　条件より、A を読んだことのある人はいますし、その人たちは B も読んでいますので、A と B の両方を読んだことがある人はいます。

　よって、肢 4 が正解です。

【別解】
　論理式だけでは分かりにくい場合は、ベン図に表すという解法も有効に使えることがあります。

> 集合算（No.41～）でよく利用する集合図です。

　ここでは、A ～ D それぞれを読んだことがある人の集合を、集合 A ～ D として、命題ア～ウをベン図に表してみます。
　まず、命題アより、集合 A は集合 B に含まれ、命題イより、集合 B は集合 C に含まれますので、図 1 のように表します。

> 集合 A に該当する人は、全員が集合 B に該当するからです。

　また、命題ウより、集合 D も集合 C に含まれるように図 1 に加えますが、集合 A，B と D の関係は分かりませんので、図 2 のように一部分交わるように描いておきます。

> それぞれの部分に該当する人がいるかどうかは分かりませんが、可能性はありますからね。

図 1

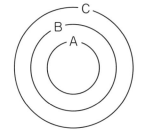

図 2

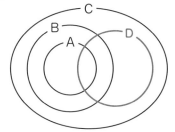

　ここで、図 3 のように、それぞれの部分をア～カとし、命題エについて考えると、4 つ全部読んだ人は図のエの部分で、ここに該当する人はいないと分かります。
　しかし、それ以外の部分については、該当する人がいる可能性はあり、また、条件より、どの小説も誰かに読まれていますので、ウに該当する人は確実にいます。

図3

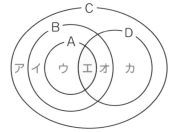

これより、選択肢を確認します。

肢1　図3のア, イ, オ, カに該当する人がいる可能性はあり、Cを読んでA
　　　を読んでいない人がいる可能性はあります。

肢2　ウに該当する人がいますので、Cを読んでDを読んでいない人はいます。

肢3　アに該当する人がいない可能性があります。

肢4　エに該当する人はいませんので、AとDの両方を読んだ人はいません。

肢5　ウに該当する人がいますので、AとBの両方を読んだことがある人はい
　　　ます。

正　解 ▶ 4

次のA～Dの推論のうち、論理的に正しいもののみを挙げているのはどれか。

A：ピアノを習っている人は、音楽が好きである。
　　ピアノを習っている人は、ギターも習っている。
　　したがって、音楽が好きな人は、ギターを習っている。

B：水泳が得意な人は、バスケットボールも得意である。
　　バレーボールが得意な人は、バスケットボールが得意ではない。
　　したがって、水泳が得意な人は、バレーボールが得意ではない。

C：ハンバーグもエビフライも好きな人は、オムライスも好きである。
　　カレーライスが好きな人は、エビフライが好きではない。
　　したがって、カレーライスが好きではない人は、オムライスも好きではない。

D：バイクが好きな人は、自動車も自転車も好きである。
　　電車が好きではない人は、自動車も好きではない。
　　したがって、バイクが好きな人は、電車も好きである。

1　A, B　　　2　A, C　　　3　B, C　　　4　B, D　　　5　C, D

A　初めの2つの命題を論理式に表すと次のようになります。

　　　ピアノ → 音楽　　　ピアノ → ギター

　さらに、共通する「ピアノ」でまとめると、次のようになります。

　　　音楽　←　ピアノ　→　ギター

　ここから「音楽 → ギター」は導けませんので、正しくありません。

B　同様に、2つの命題を論理式に表すと、次のようになります。

水泳 → バスケ　　　バレー → $\overline{バスケ}$

2つ目の命題の対偶を作ると、「バスケ→$\overline{バレー}$」となりますので、これと1つ目の命題をまとめて次のようになります。

水泳　→　バスケ　→　$\overline{バレー}$

これより「水泳 → $\overline{バレー}$」が導けますので、正しくいえます。

C　同様に、次のようになります。

ハンバーグ∧エビフライ → オムライス
カレーライス → $\overline{エビフライ}$

ここから「$\overline{カレーライス}$ → $\overline{オムライス}$」は導けませんので、正しくありません。

> 1つ目の命題の左側は分解できませんので、「エビフライ」でまとめることはできません。

D　同様に、次のようになります。

バイク → 自動車∧自転車　　　　$\overline{電車}$ → $\overline{自動車}$

1つ目の命題は右側を分解し、2つ目の命題は対偶を作って「自動車→電車」としてまとめると、次のようになります。

バイク　→　自動車　→　電車
　↓
自転車

これより「バイク → 電車」が導けますので、正しくいえます。

以上より、論理的に正しいのはBとDで、肢4が正解です。

正解 ▶ 4

82人の参加者が、A，Bの2種類のクイズに挑戦した。42人がAに正解し、38人がBに正解した。また、17人がA，Bいずれも不正解であった。このとき、AまたはBの片方だけに正解した人数として正しいのはどれか。

1　50人　　　2　52人　　　3　54人　　　4　56人　　　5　58人

次のように、A，Bそれぞれに正解した人の集合を図に表します。

このような図を「ベン図」といいます。

条件より、全体の人数は82人で、Aに正解したのは42人、Bに正解したのは38人、いずれにも不正解であったのは17人ですから、図のように記入し、その他の部分を $a \sim c$ とします。

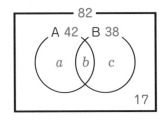

AまたはBの片方だけに正解した人数は $a + c$ ですから、次のように求めます。

Aに正解した人の集合より　$a + b = 42$　…①
Bに正解した人の集合より　$b + c = 38$　…②
全体の集合より　　　　　　$a + b + c + 17 = 82$　…③

③に②を代入して　$a + 38 + 17 = 82$　∴ $a = 27$
③に①を代入して　$42 + c + 17 = 82$　∴ $c = 23$

よって、$a + c = 27 + 23 = 50$ より、求める人数は50人で、肢1が正解です。

正解 ▶ 1

No.
42　集合算

▶ 刑務官（社会人）　▶ 2013

A，B，C の三つの国家資格の保有状況について次のことが分かっているとき、B と C を持っているが A を持っていない人は何人か。

ア　A を持っている人は 60 人、B を持っている人は 50 人いた。
イ　A と B を持っているが、C を持っていない人は 12 人いた。
ウ　A と C を持っているが、B を持っていない人は 15 人いた。
エ　A も B も持っていない人は 10 人いたが、そのうち C を持っている人は 2 人いた。
オ　A，B，C のいずれも持っていない人と、A，B，C の全てを持っている人は同じ数だった。
カ　A のみを持っている人と、B のみを持っている人の数は同じ数だった。

1　2人　　　2　3人　　　3　4人　　　4　5人　　　5　6人

図 1 のように、A，B，C それぞれを持っている人のベン図を書いて、条件アより、A の合計 60、B の合計 50 を記入し、さらに、それぞれの部分を a ～ h とします。

求めるのは、f の人数ですから、ここをチェックしておきます。

まず、条件イ，ウより、$b = 12$，$e = 15$ となり、また、条件エより、$g + h = 10$ で、$g = 2$ ですから、$h = 8$ と分かります。

また、条件オより、$d = h = 8$ で、これより、A について、$a = 60 - (12 + 8 + 15) = 25$ となりますので、条件カより、$c = a = 25$ が分かります。

さらに、B について、$f = 50 - (12 + 25 + 8) = 5$ となり、求める人数は 5 人で、肢 4 が正解です（図 2）。

図 1

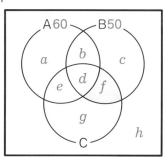

図 2

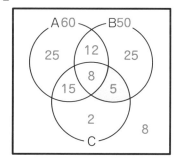

正解 ▶ 4

　ある俳優養成所で大人と子供 100 人の卒業生の出演先を調べたところ、次のア～カのことが分かった。大人の卒業生のうち、映画に出演している女性の人数はどれか。ただし、卒業生は、全員が映画かテレビのいずれかのみに出演しているものとする。

ア　大人の卒業生は、61 人である。
イ　映画に出演している卒業生は、41 人である。
ウ　子どもの卒業生のうち、テレビに出演している女性の人数は、映画に出演している男性の人数の 2 倍である。
エ　テレビに出演している男性の人数は、28 人である。
オ　大人の卒業生のうち、テレビに出演している男性の人数は 17 人、女性の人数は 19 人である。
カ　映画に出演している女性の人数は、22 人である。

1　9人　　　2　10人　　　3　11人　　　4　12人　　　5　13人

　大人、映画に出演、男性のベン図を書いて、情報を整理します。
　図のように、条件ア，イ，オを記入し、残る部分は a ～ f とすると、求めるのは a の人数となりますので、ここをチェックしておきます。

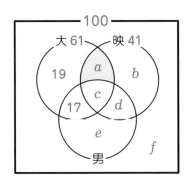

　まず、条件ウ，エより、次のようになります。

条件ウ　→　$f = 2d$　…①
条件エ　→　$17 + e = 28$　　∴ $e = 11$
条件カ　→　$a + b = 22$　…②

さらに、大人の集合、映画の集合、全体の集合の合計より、次のようになります。

大人の集合　→　$a + c + 19 + 17 = 61$　　∴ $a + c = 25$　…③
映画の集合　→　$a + b + c + d = 41$　…④
全体の集合　→　$a + b + c + d + e + f + 19 + 17 = 100$　…⑤

⑤に、④と $e = 11$ を代入して　$41 + 11 + f + 19 + 17 = 100$　　∴ $f = 12$
①に $f = 12$ を代入して　$12 = 2d$　　∴ $d = 6$
④に、③と $d = 6$ を代入して　$25 + b + 6 = 41$　　∴ $b = 10$
②に、$b = 10$ を代入して　$a + 10 = 22$　　∴ $a = 12$

よって、求める人数は 12 人で、肢 4 が正解です。

正解 ▶ 4

　ある会社の社員130人に、忘年会の料理の希望として、和食、イタリアン、中華料理のうちから1つを選ぶアンケート調査をしたところ、次のア～エのことが分かった。

ア　和食を希望した社員は34人、イタリアンを希望した社員は52人である。
イ　和食を希望した男性社員の人数は、中華料理を希望した女性社員の人数より8人少ない。
ウ　イタリアンを希望した男性社員の人数は、男性社員全体の4割である。
エ　中華料理を希望した男性社員の人数と、中華料理を希望した女性社員の人数は同じである。

　以上から判断して、イタリアンを希望した女性社員の人数として、正しいのはどれか。ただし、社員130人全員が希望する料理を1つずつ回答した。

1　24人　　　2　26人　　　3　28人　　　4　30人　　　5　32人

　条件アより、中華を希望した社員は 130 －（34 ＋ 52）＝ 44（人）と分かります。
　また、条件エより、中華を希望した男性と女性の人数は同じですから、それぞれ 44 ÷ 2 ＝ 22（人）と分かります。
　そうすると、条件イより、和食を希望した男性は、22 － 8 ＝ 14（人）となり、ここまでを表1のように整理し、求めるイタリアンを希望した女性の部分をチェックしておきます。

> 本問は、複数の料理を希望した人はいませんので、ベン図にする必要はありません。

表1

	和食	イタリアン	中華	合計
男性	14		22	
女性			22	
合計	34	52	44	130

　ここで、条件ウより、イタリアンを希望した男性は、男性全体の4割ですから、

和食＋中華＝ 14 ＋ 22 ＝ 36（人）で 6 割なので、イタリアンは 36 × $\frac{4}{6}$ ＝ 24（人）と分かります。

　これより、イタリアンを希望した女性は、52 － 24 ＝ 28（人）となり、男性全体の人数は 36 ＋ 24 ＝ 60（人）ですから、女性全体の人数は 130 － 60 ＝ 70（人）で、和食を希望した女性の人数は、70 －（28 ＋ 22）＝ 20（人）となり、表 2 のようになります。

表 2

	和食	イタリアン	中華	合計
男性	14	24	22	60
女性	20	28	22	70
合計	34	52	44	130

　よって、求める人数は 28 人で肢 3 が正解です。

正解 ▶ 3

ある湖で観光客 80 人にアンケート調査を行った。今、次のア～オの結果が得られたとき、確実にいえるのはどれか。

ア　キャンプを体験した人は 64 人いた。
イ　魚釣りを体験した人は 36 人いた。
ウ　ボートを体験した人は 56 人いた。
エ　サイクリングを体験した人は 40 人いた。
オ　ハイキングを体験した人は 61 人いた。

1　魚釣りとボートの 2 つを体験した人は少なくとも 16 人いる。
2　ボートとハイキングの 2 つを体験した人は少なくとも 56 人いる。
3　キャンプとボートとサイクリングの 3 つを体験した人は少なくとも 1 人いる。
4　キャンプと魚釣りとハイキングの 3 つを体験した人は少なくとも 1 人いる。
5　魚釣りとサイクリングの 2 つを体験した人は 1 人もいない。

選択肢のそれぞれについて確認します。

肢 1　条件イ，ウより、魚釣りは 36 人、ボートは 56 人で、その和は 36 + 56 = 92 となります。そうすると、全体の人数は 80 人ですから、次図のように、両方を体験した人が<u>少なくとも 92 − 80 = 12（人）</u>はいます。

> これは最少人数で、全員がどちらかを体験した場合ですね。図の重なりの部分は、もちろん、もっと大きいことも考えられ、魚釣りの 36 人が全員ボートも体験した場合、最大で 36 人の可能性があります。

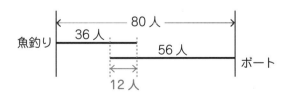

肢 2　条件ウ，オより、肢 1 と同様に計算すると、56 + 61 − 80 = 37 より、少なくとも 37 人はいます。

肢3　まず、キャンプとボートの2つを体験した人の最少人数を計算すると、条件ア，ウより、64 + 56 − 80 = 40（人）ですが、このうち、サイクリングも体験した最少人数を計算すると、条件エより、<u>40 + 40 − 80 = 0</u> となり、この3つを体験した人は<u>1人もいない可能性</u>があります。

> キャンプとボートを体験した人が40人しかいないとして、サイクリングの40人と1人も被っていない可能性があるということです。

肢4　肢3と同様に計算すると、条件ア，イ，オより、キャンプと魚釣りの最少人数は、64 + 36 − 80 = 20（人）で、このうち、ハイキングも体験した最少人数は、20 + 61 − 80 = 1 より、この3つを体験した人は<u>少なくとも1人</u>はいます。

肢5　魚釣りとサイクリングの<u>両方</u>を体験した人が<u>いる可能性</u>はあります。

> 条件イ，エより、36 + 40は80に満たないので、1人もいない可能性はありますが、いる可能性もありますからね。

　以上より、肢4が正解です。

正解 ▶ 4

ある暗号で「きつね」が「EWLDXLCYR」、「たぬき」が「DVLCXREWL」で表されるとき、同じ暗号の法則で「DYREWREXRDWL」と表されるのはどれか。

1　にわとり
2　ふくろう
3　こうもり
4　せいうち
5　となかい

「きつね」と「たぬき」はいずれも3文字で、これを表す暗号はいずれもアルファベット9文字ですから、かな1文字をアルファベット3文字で表す暗号と推測し、次のように対応させてみます。

き	つ	ね	た	ぬ	き
↓	↓	↓	↓	↓	↓
EWL	DXL	CYR	DVL	CXR	EWL

それぞれのアルファベット3文字について特徴を見ると、1文字目は（C, D, E）、2文字目は（V, W, X, Y）、3文字目は（L, R）で構成されているのが分かります。

1文字目はアルファベットの前方、2文字目は後方、3文字目はL→左、R→右の2文字と推測していいでしょう。

かな文字を表す暗号は、そのほとんどが50音表への対応、つまり、段（あいうえお）と行（あかさたな…）の組合せで作られますので、まず、同じ段の文字についてまとめ、法則を探すと、次のように分かります。

あ段	い段	う段		え段
た	き	つ	ぬ	ね
DVL	EWL	DXL	CXR	CYR

これより、暗号の2文字目が段を表し、次のように対応すると推測できます。

あ段 → V　　　い段 → W　　　う段 → X　　　え段 → Y　　　お段 → Z

そうすると、残る2文字で行を表すと思われますので、次のような50音表に行を表す2文字を記入してみます。

わ	ら	や	ま	は	な(C/R)	た(D/L)	さ	か(E/L)	あ	
						た				あ（V）
								き		い（W）
					ぬ	つ				う（X）
					ね					え（Y）
										お（Z）

これより、行を表す暗号は、表の左のほうから A，B，C…のそれぞれに L，R を組み合わせて、次のように推測できます。

わ (A/L)	ら (A/R)	や (B/L)	ま (B/R)	は (C/L)	な (C/R)	た (D/L)	さ (D/R)	か (E/L)	あ (E/R)	
						た				あ（V）
								き		い（W）
					ぬ	つ				う（X）
					ね					え（Y）
										お（Z）

これより、与えられた暗号は次のように解読できます。

DYR → せ　　　EWR → い　　　EXR → う　　　DWL → ち

よって、「せいうち」となり、肢4が正解です。

正解 ▶ 4

　ある暗号で「TEST」が「31043031」、「FIGHT」が「0512101131」と表されるとき、同じ暗号の法則で「200023」と表されるのはどれか。

1　「BOX」
2　「CAP」
3　「CUP」
4　「MAP」
5　「SAW」

　「TEST」の4文字に対して数字8桁、「FIGHT」の5文字に対して数字10桁が対応していますので、アルファベット1文字を数字2桁で表す暗号と推測し、次のように対応させてみます。

T	E	S	T		F	I	G	H	T
↓	↓	↓	↓		↓	↓	↓	↓	↓
31	04	30	31		05	12	10	11	31

　ここで、暗号に使われている数字を見ると、十の位は0〜3、一の位は0〜5なので、とりあえずこれらの数字で表を作成し、対応する文字を記入すると次のようになります。

		一の位					
		0	1	2	3	4	5
十の位	0					E	F
	1	G	H	I			
	2						
	3	S	T				

E〜Iがアルファベット順にきれいに並んでいるのが分かりますね。

　そうすると、表に並んだアルファベットの規則性から、空欄は次のように推測できます。

		一の位					
		0	1	2	3	4	5
十の位	0	A	B	C	D	E	F
	1	G	H	I	J	K	L
	2	M	N	O	P	Q	R
	3	S	T	U	V	W	X

これより、与えられた暗号は次のように解読できます。

　　20 → M　　00 → A　　23 → P

よって、「MAP」となり、肢4が正解です。

正解 ▶ 4

あるコンビニエンスストアに来店した客 A 〜 G の 7 人について、弁当と雑誌の購入状況を調べたところ、次のことが分かった。

ア　A, B, C, D のうち、弁当を購入した人は 2 人であり、雑誌を購入した人は 2 人であった。
イ　B, C, D, E のうち、弁当を購入した人は 1 人であり、雑誌を購入した人は 2 人であった。
ウ　C, D, E, F のうち、弁当を購入した人は 2 人であり、雑誌を購入した人は 1 人であった。
エ　D, E, F, G のうち、弁当を購入した人は 1 人であり、雑誌を購入した人は 2 人であった。

以上から判断して、確実にいえるのはどれか。

1　A は、弁当を購入したが、雑誌は購入しなかった。
2　B は、弁当を購入しなかったが、雑誌は購入した。
3　D は、弁当を購入したが、雑誌は購入しなかった。
4　E は、弁当を購入しなかったが、雑誌は購入した。
5　G は、弁当を購入したが、雑誌は購入しなかった。

　　弁当と雑誌のそれぞれについて、購入状況を調べます。
　　まず、弁当について、A が購入したかで次のように場合分けをします。

（1）A が弁当を購入した場合
　　条件アの 4 人のうち購入したのは 2 人ですから、(B, C, D) のうち 1 人が購入したことになります。
　　そうすると、条件イの 4 人のうち購入したのは 1 人ですが、(B, C, D) のうち 1 人が購入していますので、E は購入していないと分かります。
　　さらに、条件ウの 4 人のうち購入したのは 2 人ですが、E は購入しておらず、(C, D) のうち購入したのは多くても 1 人ですから、残る F が購入したことになります。
　　そうすると、(C, D) のうち 1 人が購入し、B は購入していないことになり、ここまでを図 1 のように整理します。

図1

ア	A	B	C	D			→	2人
	○	×	(1人○)					
イ		B	C	D	E		→	1人
		×	(1人○)		×			
ウ			C	D	E	F	→	2人
			(1人○)	×	○			

　さらに、条件エの4人のうち購入したのは1人ですが、Fが購入しています
ので、DとGは購入していないことになり、（C，D）のうち購入したのはCで、
図2のように成立します。

図2

ア	A	B	C	D			→	2人
	○	×	○	×				
イ		B	C	D	E		→	1人
		×	○	×	×			
ウ			C	D	E	F	→	2人
			○	×	×	○		
エ				D	E	F	G	→	1人
				×	×	○	×	

（2）Aが弁当を購入していない場合

　条件アより、（B，C，D）の3人のうちの2人が購入したことになり、条
件イと矛盾します。

　よって、弁当の購入状況は、図2のように確定します。
　次に、雑誌について同様に場合分けをします。

（1）Aが雑誌を購入した場合

　条件ア，イより、（B，C，D）のうち1人と、Eが購入したことになります。
　そうすると、条件ウの4人のうち購入したのはE1人で、C，D，Fは購入
していないことになります。これより、（B，C，D）のうちで購入したのは
Bとなります。
　ここで、条件エの4人のうちDとFは購入していませんから、EとGが購
入したことになり、図3のように成立します。

図3

```
ア   A    B    C    D                    → 2人
     ○    ○    ×    ×
イ        B    C    D    E               → 2人
          ○    ×    ×    ○
ウ             C    D    E    F          → 1人
               ×    ×    ○    ×
エ                  D    E    F    G     → 2人
                    ×    ○    ×    ○
```

（2）A が雑誌を購入していない場合

　条件ア，イより，（B，C，D）のうち2人が購入し、E は購入していないことになります。

　そうすると、条件ウより、（C，D，F）のうち1人が購入したことになり、条件エより、（D，F）のうち1人と G が購入したことになります。

　これより、（C，D，F）のうち購入した1人は D か F ですから、C は購入していないことになり、（B，C，D）のうち購入した2人は B と D となり、図4のように成立します。

図4

```
ア   A    B    C    D                    → 2人
     ×    ○    ×    ○
イ        B    C    D    E               → 2人
          ○    ×    ○    ×
ウ             C    D    E    F          → 1人
               ×    ○    ×    ×
エ                  D    E    F    G     → 2人
                    ○    ×    ×    ○
```

　図3と4から、雑誌について確実にいえるのは、B と G が購入したことと、C と F が購入しなかったことですね。

　これと、図2（弁当）より選択肢を確認すると、正解は肢2と分かります。

正 解 ▶ 2

　A〜Gの7人からなる班で投票により班長を決める。7人はそれぞれ他の6人のうち1人を選んで1票を投じた。この結果、他の6人より得票数の多かった人が班長となった。これについて、次のことがわかっているとき、Fは誰に投票したか。

ア　Aが投票した人が班長になった。
イ　BはCに、CはBに投票した。
ウ　DとEは同じ人に投票した。
エ　班長となった人はFに投票した。
オ　Bの得票数はCの得票数より1票多かった。

1　A　　　2　B　　　3　C　　　4　E　　　5　G

　条件ウより、DとEが投票した人をXとし、条件ア〜エより、各人が投票した人の情報を表1のように整理します。

表1

A	B	C	D	E	F	G
班長	C	B	X	X		

　条件アより、班長となったのはAではありません。また、条件イ，エより、班長となったのはB，C，Fでもありませんので、D，E，Gのいずれかとなります。
　さらに、条件イ，オより、Bは2票以上得票していますので、班長になった人は3票以上得票していることになります。
　そうすると、D，E，F，Gのうち、1人はBに、1人はFに、残る2人が班長になった人に投票していますので、DとEが投票した人（X）が班長になったと分かります。
　これより、班長になったのは、D，EではありませんのでGと分かり、A，D，EはGに、GはFに、残るFはBに投票したと分かり、表2のようになります。

表2

A	B	C	D	E	F	G
G	C	B	G	G	B	F

よって、F が投票したのは B で、肢 2 が正解です。

正解 ▶ 2

　1～9の数字が1つずつ書かれた計9枚のカードを、A～Cの3人が順番に机の上に出していくゲームを行った。ゲームのルールは次のようであった。

ア　はじめに、5のカードを机の上に置き、残りのカードを、Aに3枚、Bに3枚、Cに2枚配る。
イ　カードが出せるのは、机の上にあるカードの数のうち最大の数より1だけ大きい数か、または、最小の数より1だけ小さい数のいずれかのみとする。
ウ　自分の順番で出せるカードがある場合は、カードを出して次の人に回す。出せるカードがない場合はパスをして次の者に回す。ただし、出せるカードがあるのにパスをすることはできない。
エ　カードを出す順番は、A，B，C，A，…の順とする。

　A～Cの出したカードは①～⑧のようであった。

①　Aがパスした。
②　Bが4を出した。
③　Cがカードを出した。
④　Aは出せるカードが2枚あったが、そのうちの小さいほうのカードを出した。
⑤　Bがパスした。
⑥　Cがパスした。
⑦　Aは④で出さなかったほうのカードを出した。
⑧　Bがパスした。
⋮

　このとき、2と8のカードが配られた者の組合せとして正しいのはどれか。

```
      2   8
1     A   B
2     A   C
3     B   A
4     B   C
5     C   B
```

まず、条件ア，イより、初めに5のカードを置きましたので、ここで出せるカードは4または6です。これより、①から順に状況を確認していきます。

①　Aはパスしていますので、Aは4，6のいずれも持っていないと分かります。
②　Bが4を出しましたので、次に出せるカードは3または6です。
③　Cは3，6のいずれかを出したと分かります。3を出した場合、次に出せるカードは2または6、6を出した場合、次に出せるのは3または7となります。
④　ここで出せるカードをAは2枚とも持っていたわけですが、①より、Aは6を持っていませんので、③でCは6を出し、次に出せる3と7をAが持っており、ここで3を出したと分かります。ここまでを表1のように整理します。

表1

1	2	3	4	5	6	7	8	9
		④A	②B	－	③C			

⑤，⑥　表1の段階で出せるカードは2と7ですが、B，Cがパスしたということは、2もAが持っていると分かり、条件アより、Aに配られた3枚は2，3，7と分かります。
⑦　Aは④で出さなかった7を出したので、次に出せるカードは2または8です。
⑧　Bがパスしましたので、8はCが持っていると分かります。

　ここで、条件アより、Cに配られた2枚は6と8で、Bに配られた3枚は1，4，9と分かり、表2のようになります。

表2

1	2	3	4	5	6	7	8	9
B	A	④A	②B	－	③C	⑦A	C	B

　よって、2はA、8はCに配られたと分かり、肢2が正解です。

正解 ▶ 2

No. 51　その他の推理　　▶ 国家一般職（社会人）　▶ 2017

　赤，青，黄の 3 色のカードが、それぞれ 2 枚，4 枚，2 枚の合計 8 枚ある。この 8 枚のカードが、A〜D の 4 人に 2 枚ずつ配られた後、A と B は手持ちのカードを 1 枚交換し、また、C と D も手持ちのカードを 1 枚交換した。次のことが分かっているとき、確実にいえるのはどれか。

ア　交換する前、A と C は赤のカードを持っていた。
イ　交換した後、A は 2 枚の同色のカードを持っており、また、C も 2 枚の同色カードを持っていたが、A と C のカードの色は異なっていた。
ウ　交換した後、B のカードの色の組合せは、D と同じであった。

1　交換する前、A のカードの色の組合せは、C と同じであった。
2　交換する前、B のカードの色の組合せは、D と同じであった。
3　交換する前、D は黄のカードを 1 枚持っていた。
4　交換する前、2 枚の同色のカードを持っていた者がいた。
5　交換した後、C は青のカードを 2 枚持っていた。

　条件アより、交換前に A と C は赤のカードを持っていましたが、赤のカードは 2 枚しかなく、この 2 人はやり取りを行っていませんので、交換後にどちらかが赤のカードを 2 枚持っているということはありません。

　よって、条件イより、交換後に A と C が持っていた同色の 2 枚は、一方が青 2 枚、もう一方が黄 2 枚と分かります。

　これより、残るカードは赤 2 枚と青 2 枚ですから、条件ウより、交換後に B と D は赤と青を 1 枚ずつ持っていたと分かり、交換により、A と C の赤のカードを B と D が受け取ったことになります。

　そうすると、交換後に A と C のどちらが青 2 枚でどちらが黄 2 枚かは分かりませんが、それぞれが B と D から受け取ったのは、同色 2 枚のうちの 1 枚ですから、2 組の交換の様子は次のようになります。

	1 組目		2 組目	
	A or C	B or D	C or A	D or B
交換前	青　赤	青　青	黄　赤	黄　青
交換後	青　青	赤　青	黄　黄	赤　青

これより、選択肢を検討すると、肢3，5は、可能性はありますが確実には
いえず、肢4が正解となります。

正解 ▶ 4

第1部　判断推理

　下の図のような5×5のマス内に、1～5の数字を、次のア，イの条件で1つずつ入れるとき、AとBのマスに入る数字の和として、正しいのはどれか。

ア　隣り合う縦，横，斜めの位置には同じ数字を並べない。
イ　縦方向は、どの列も1～5の異なる数字を並べる。

1　5
2　6
3　7
4　8
5　9

1	A			2
2		1		
3				3
4	1		2	
5				B

　まず、表1の①に入る数字を考えます。条件アより、①には表の色の付いたマスと同じ数字は入りませんので、1～4は入れず、残る5に決まります。
　同様に、表1の②に入る数字を考えると、①は5なので、②に入るのは4に決まり、条件イより、A

> **！ここがPOINT**
> ①に着目したのは、この周りに数字がたくさん入っているからです。

と③には2と3が入りますが、Aは斜め左下に2がありますので、Aが3、③が2と分かります（表2）。

表1

1	A			2
2	②	1		
3	①			3
4	1		2	
5	③			B

表2

1	3	⑦		2
2	4	1		
3	5	④		3
4	1	⑤	2	
5	2	⑥		B

　同様に、表2の④には3、⑤には4と入り、⑥と⑦は2と5ですから、⑥が5、⑦が2となり、さらに続けると、表3のように完成します。

表3

1	3	2	3	2
2	4	1	4	1
3	5	3	5	3
4	1	4	2	4
5	2	5	1	5

よって、A＝3，B＝5となり、その和は8で肢4が正解です。

正解 ▶ 4

あるテーマパークでは、図のように A ～ L の 12 の停留所を設け、表のとおり 3 台の乗り物を循環させている。

〔図〕

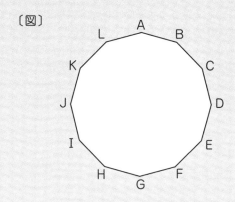

〔表〕

乗り物	循環の方向	次に停車する停留所	次に停車する停留所に到着するまでの時間
赤	時計回り	各停留所	5 分
青	反時計回り	3 つ先の停留所	7 分
黄	時計回り	5 つ先の停留所	10 分

各乗り物は 10 時 00 分に A を出発した後、循環を続けており、12 時 00 分現在、赤と黄は停留所 A に停車しており、青は停留所 J － G 間にいる。

ここで、12 時 00 分現在、停留所 G にいる者が、これらの乗り物のみを乗り継いで停留所 B に移動しようとするとき、最も早く停留所 B に到着する場合の到着時刻として最も妥当なのはどれか。

ただし、乗り継ぎにかかる時間及び停留所での停車時間は考慮しないものとする。

1　12 時 35 分
2　12 時 50 分
3　13 時 05 分
4　13 時 25 分
5　13 時 50 分

まず、12 時 00 分現在より先で、乗り物が停留所 B に停車する時刻を調べます。

　12 時 00 分現在、赤は A にいますので、5 分後に B に停車し、その後、5 分 × 12 ＝ 60 分で 1 周しますから、B に停車する時刻は、12 時 05 分、13 時 05 分、14 時 05 分…となります。

　また、青は、10 時 00 分に A を出発してから、3 つ先の停留所に停車しますので、A → J → G → D → A → J…を循環し、B に停車することはありません。

　さらに、黄は、12 時 00 分現在、A から出発して 5 つ先の停留所に停車しますので、A → F → K → D → I → B と停車し、ここまでに 10 分 × 5 ＝ 50 分かかりますので、最初に B に停車するのは 12 時 50 分です。

　そうすると、12 時 00 分現在、G にいる人は、12 時 05 分に B に停車する赤に乗るのは不可能ですが、そのまま待って次の周の赤に乗れば、13 時 05 分には B に到着します。

　しかし、その前に B に到着する黄に乗り継ぎが可能かを考えると、黄は B の前の I には 12 時 40 分に停車し、また、12 時 00 分に A を出発した赤は、8 つ先の I までに、5 分 × 8 ＝ 40 分かかり、ちょうど 12 時 40 分に I に停車しますから、乗り継ぐことができると分かります。

　これより、この人は、G で 12 時 30 分に停車する赤に乗り、I で 12 時 40 分に黄に乗り継げば、12 時 50 分に B に移動することができ、これが最も早い方法となります。

　よって、正解は肢 2 です。

正 解 ▶ 2

右の図は、透明な1枚の円形の板に複数の円の模様を描き正面から見たものである。右の図の状態から、この板が矢印の方向へ水平面上を一直線に滑ることなく $\frac{11}{4}$ 回転したとき、この板を裏面から見た図として、妥当なのはどれか。

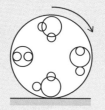

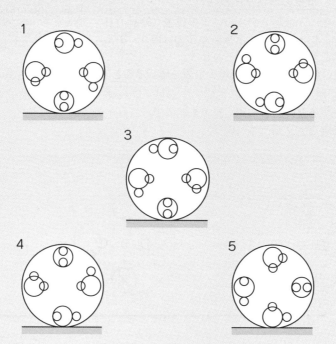

図1のように、板に描かれた模様を A ~ D とし、この状態から $\frac{11}{4}$ 回転＝$2\frac{3}{4}$ 回転すると、A ~ D の模様の位置は、図2のようになります。

図1

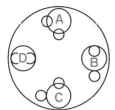

図2

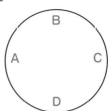

　ここで、模様の形状が比較的分かりやすいDに
着目すると、Dは図2のように下の位置（時計の6
時の方向）にあり、これと合致するのは肢1, 3の
みで、ここでこの2つに絞られます。

> Dは、小さい円が2つ
> とも大きい円の中にある
> という特徴があります。

　さらに、たとえば、Aの模様の位置を確認すると、
図2で左側（時計の9時の方向）にあり、これを
裏面から見ると反対の右側に見えますので、これと
合致する肢3が正解です（図3）。

> Aは小さい円が2つと
> も大きい円と交わって
> いますね。

図3

    1   3

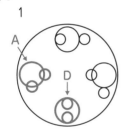

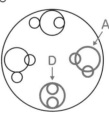

正解 ▶ 3

118

No.
55 平面図形の構成 　▶ 福岡県職務経験者 　▶ 2017

渦巻模様の付いた図Ⅰのような正方形の紙がある。この紙を裏返すことなく4つの部分に切り離したところ、そのうちの3つが図Ⅱのア〜ウのようであった。このとき、残る図形は次のうちどれか。

ただし、渦巻模様の線上を線に沿って切り離すことはなく、切断によって渦巻模様の線が失われることもないものとする。また、破線は図の大きさの概略を示すものに過ぎない。

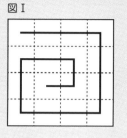

図Ⅰ

図Ⅱ
ア　イ　ウ

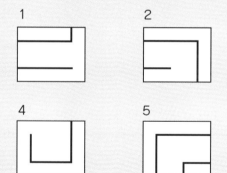

1

2

3

4

5

まず、図Ⅱのイには、渦巻模様の先端が描かれていますが、長さから判断して、図1の色の付いた部分と考えられます。

また、ウについては、図2のA〜Cに当たる点から、図3のように分かります。

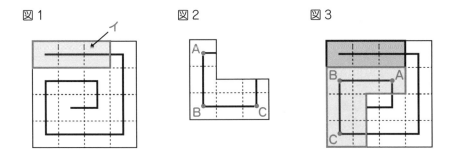

図1　　　　　　　図2　　　　　　　図3

これより、残る部分をアと選択肢の紙片の大きさに分けると、図4のように
なり、残る部分と合致する紙片を探すと、肢5が正解となります。

図4

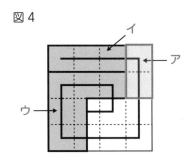

正解 ▶ 5

No.
56 平面図形の構成　　▶ 特別区経験者採用　　▶ 2014

　次の図のような5枚の型紙のうち、4枚の型紙を透き間なく、かつ、重ねることなく並べて正方形を作るとき、**使わない**型紙はどれか。ただし、型紙は回転させてもよいが、裏返さないものとする。

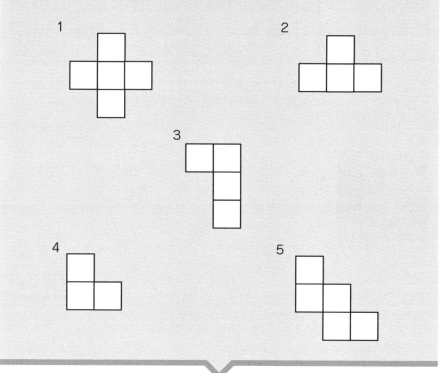

　型紙の小さい正方形の1辺を1として、選択肢の型紙の面積を合計すると次のようになります。

　　(1)　　(2)　　(3)　　(4)　　(5)
　　 5 ＋ 4 ＋ 4 ＋ 3 ＋ 5 ＝ 21

　これより、このうちの4つで作ることのできる正方形の面積は、4 × 4 ＝ 16 と分かりますので、使わない型紙の面積は、21 － 16 ＝ 5 となり、肢1と肢5に絞られます。

　ここで、4 × 4 の正方形の枠を用意し、まず、肢1の型紙が入る場所を探す

と図1の4通りですが、いずれも×の部分にすき間ができ、この型紙を使うの
は不可能です。

図1

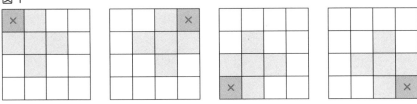

　よって、肢1が正解となります。
　ちなみに、その他の型紙で正方形を作ると図2のようになります。

図2

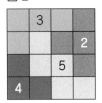

正 解 ▶ 1

　次の図Ⅰのような3種類の型紙A, B, Cを透き間なく、かつ、重ねること
なく並べて図Ⅱのような長方形を作るとき、型紙Aの使用枚数として正しいの
はどれか。ただし、型紙は裏返して使用しないものとする。

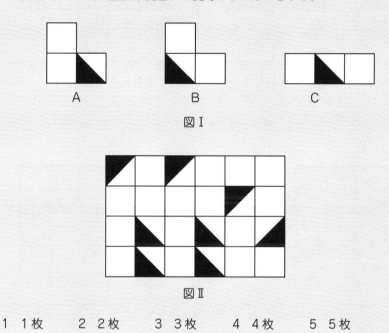

A　　　　　　　　B　　　　　　　　C

図Ⅰ

図Ⅱ

1　1枚　　　2　2枚　　　3　3枚　　　4　4枚　　　5　5枚

　まず、次の図1の①の部分は、図のようにBを
並べることになり、これにより、②の部分にも、図
のようにBを並べることになります。
　ここで、図1の③の部分を埋める型紙を考えると、
図2のように、ここにもBを並べると分かり、こ
れにより、④, ⑤の部分には、図のように、Aを並
べることになります。

> Bは、Lの字の角が黒い
> ので分かりやすいです
> ね。AとCは黒い部分
> の向きなどを間違えない
> ように注意しましょう。

図1

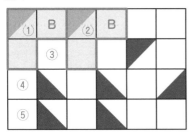

図2

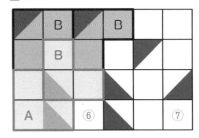

　同様に、図2の⑥を埋める型紙を考えると、図3のように、Cを並べると分かり、これにより、⑦にも図のようにCを並べることになります。

　これより、図3の⑧、⑨の部分には、図4のように、Aを並べ、残る部分にBを並べて完成します。

図3

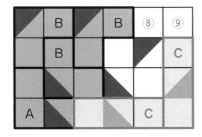

図4

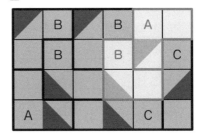

　よって、Aの使用枚数は2枚で、肢2が正解です。

正 解 ▶ 2

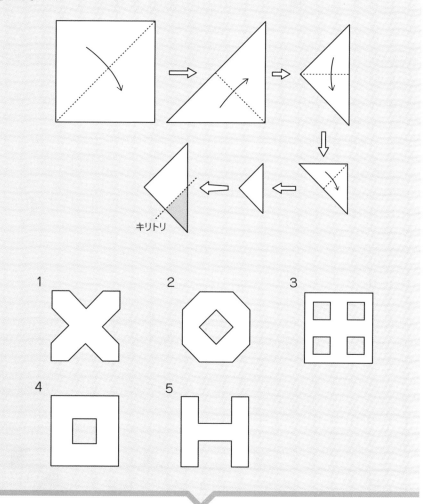

図のように、正方形の紙を点線部分で4回折り、できた三角形の黒く塗った部分を切り取って除いた。残った部分を広げたときの形として最も妥当なのはどれか。

キリトリ

1

2

3

4

5

　図1のように、元の正方形に4回の折り目を書き込むと、最後に折り込まれた部分は、図のAの部分と分かります。

図 1

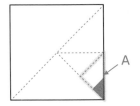

　ここで、A の色の付いた部分を除いたわけですから、広げたときにもこの部分は除かれているはずですが、図 2 のように、選択肢の A の部分を確認すると、合致するのは肢 2 のみです。

図 2

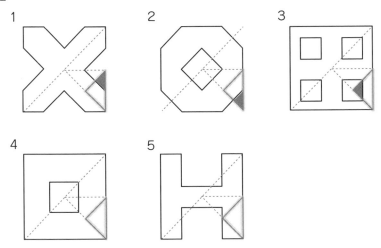

　よって、肢 2 が正解です。ちなみに、順に開きながら、切り除いた部分を描くと図 3 のように確認できます。

図 3

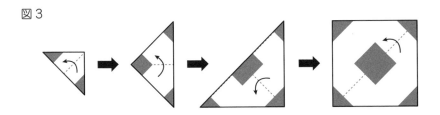

正解 ▶ 2

次の図形のうち、一筆書きができるものはどれか。

1

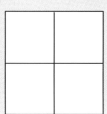

2

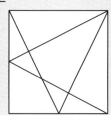

3

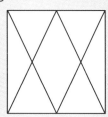

4

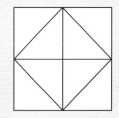

5

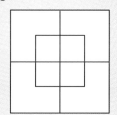

　一筆書きができる図形には、奇点（奇数本の線が集まる点）が全くないか、若しくは2個だけという特徴があります。

> 偶数本の線が集まる点は「偶点」といいます。

　これより、選択肢のそれぞれの図形の各頂点に集まる線の本数を記入すると図1のようになり、奇点（図の色の付いた点）の数を数えると、肢2は2個で、それ以外は4個あるのが分かります。

図1

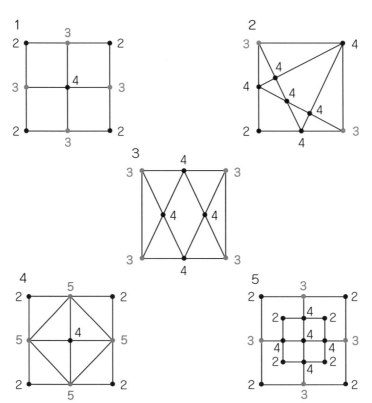

これより、一筆書きができるのは肢2となり、たとえば、図2のように、①→②→…→⑨と一筆書きができるのが確認できます。

図2

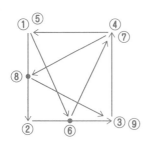

よって、肢2が正解です。

正解 ▶ 2

右図のような形状の図形の内側を、1辺の長さが a の正三角形が滑ることなく矢印の方向に転がって元の位置まで戻るとき、図の点Pが描く軌跡は次のうちどれか。

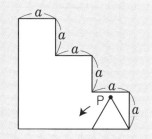

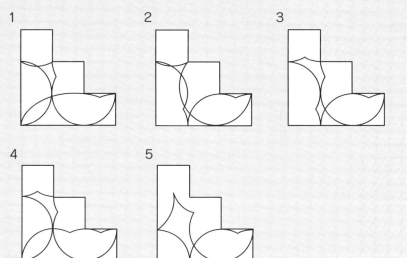

正三角形は、まず、図1の①から点Aを中心に②の位置まで回転し、Pは図のように円弧を描きます。

ここで、この円弧を描いていない肢1と肢4は消去できます。

次に、正三角形は、点Pを中心に図1の③の位置まで回転し、さらに、図2のように、④→⑤の位置まで回転して、図のような円弧を描き、これと合致しない肢5が消去できます。

さらに、点Pを中心に図2の⑥の位置まで回転し、図3の⑦の位置まで回転したところで、図のような円弧を描き、これと合致しない肢2が消去できます。

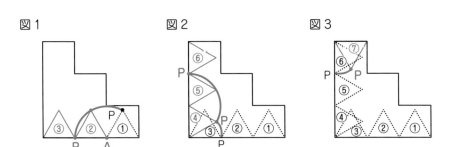

図1　図2　図3

よって、残る肢3が正解となります。
ちなみに、ここから先のPの軌跡を確認すると、図4のようになります。

図4

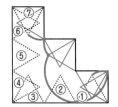

正解 ▶ 3

　図Ⅰのような、たて2、よこ1の長方形の周のまわりを、一辺が1の正方形が図の位置から矢印の方向に滑ることなく回転し、正方形の点Pが再び長方形に接したところで回転を止めた。このとき、点Pの位置は、図Ⅱのア～オのうちのどれか。

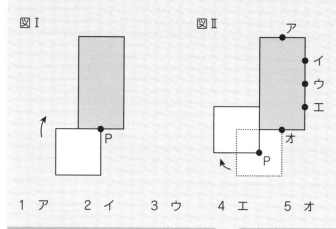

図Ⅰ　　　　　　図Ⅱ

1　ア　　　2　イ　　　3　ウ　　　4　エ　　　5　オ

　正方形を図Ⅱの位置から順に回転させ、点Pの位置を確認すると、図1のようになります。

図1

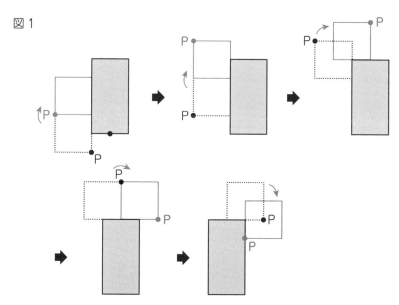

よって、点Pが再び長方形に接するのはイの位置となり、肢2が正解です。
　ちなみに、点Pのスタートの位置からイの位置で再び接するまでの間に、正方形は図2の太線の部分に沿って移動しており、その距離（太線の長さ）は正方形の周の長さと同じ4であることが分かります。

図2

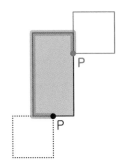

　このように、正方形の周の長さと同じ距離だけ進んだところで、点Pは再び長方形に接することになり、これが分かれば図1のように描く必要はなくなります。

正解 ▶ 2

No. 62 移動と軌跡

特別区経験者採用　　2018

次の図のように、1辺の長さが $3a$ の正方形の内側に半径と弧の長さがともに a の扇形がある。今、扇形が滑ることなく正方形の内側を回転したとき、元の位置に戻るまでに扇形の中心 O の描く軌跡はどれか。

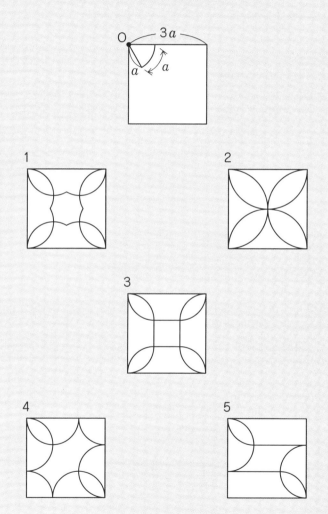

おうぎ形は円の一部ですので、円が直線上を移動するときの中心が描く軌跡を確認すると、図1のように、直線を描くと分かります。

また、このとき、円と直線Lの接点Pと、円の中心Oを結ぶと、図のように、OPは直線Lに対して垂直な状態になります。

図1

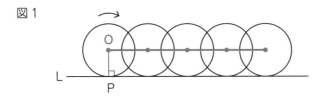

では、ここから、与えられたおうぎ形をOABとして、同じように直線L上を移動するときの中心Oが描く軌跡を考えます。

図2のように、おうぎ形が①の位置から矢印の方向に移動するとき、まず、Aを中心に②の位置まで移動し、中心Oは図のような円弧を描きます。②は、OAが直線Lに対して垂直になった状態で、ここからは $\overparen{AB}$ が直線Lに接しながら移動します。

> ここから、おうぎ形は円の一部としての動きをすることになります。

図2

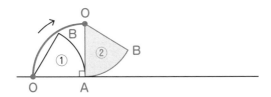

$\overparen{AB}$ が直線Lに接している間、中心Oは図3のように直線を描き、OBが直線Lに垂直になった状態（③）まで来ると、次は、Bを中心に図の④まで移動し、中心Oは円弧を描きます。

> ここで、おうぎ形は円の一部としての動きを終了します。

図3

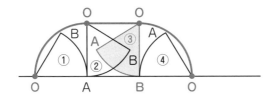

これより、おうぎ形が正方形の内側を回転するとき、各辺において、中心Oは図3と同様の軌跡を描くことになり、これと合致する肢3が正解となります。

正解 ▶ 3

No. 63　軌跡の長さ

▶ 東京都キャリア活用　　▶ 2017

　図Ⅰのように、一辺の長さ$2a$の正三角形 ABC に接している一辺の長さaのひし形が、図Ⅰの位置から、矢印の方向に正三角形の外周を滑ることなく回転し、初めて図Ⅱに示す位置にくるとき、頂点 P の描く軌跡の長さとして、正しいのはどれか。ただし、円周率はπとする。

図Ⅰ

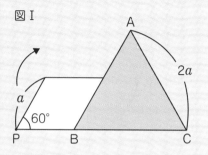

1　$\left(2+\dfrac{2\sqrt{3}}{3}\right)\pi a$

2　$\left(3+\dfrac{2\sqrt{3}}{3}\right)\pi a$

3　$\left(2+\dfrac{4\sqrt{3}}{3}\right)\pi a$

4　$\left(4+\dfrac{2\sqrt{3}}{3}\right)\pi a$

5　$\left(3+\dfrac{4\sqrt{3}}{3}\right)\pi a$

図Ⅱ

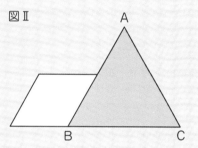

　ひし形のスタートの位置を①とすると、図1のように、① → ② → ③ → … → ⑥ → ①と1周したところで、問題の図Ⅱの位置に来ることになり、点 P は P_0 → P_1 → … P_5 まで移動します。

図1

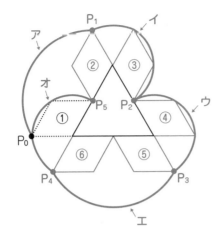

　この間で、点 P が描く軌跡は図 1 のア〜オのような円弧となりますので、それぞれの半径と中心角を確認すると、イ，ウ，オはいずれも、半径 a （ひし形の 1 辺）の半円と分かり、3 つの円弧の長さを合計すると、次のようになります。

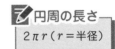
オは $P_4 \to P_5$ の円弧です。

$$2\pi a \times \frac{1}{2} \times 3 = 3\pi a$$

📝 円周の長さ
$2\pi r$ （r＝半径）

　ここで、次ページの図 2 のように、ひし形の頂点を P 〜 S とすると、アとエの半径は対角線 PR の長さと分かります。さらに、PR と QS の交点を O とすると、三角形 PQO は、30°，60°，90° の直角三角形ですから、PQ：PO ＝ 2：$\sqrt{3}$ より、PO ＝ $\frac{\sqrt{3}}{2} a$ となり、PO ＝ RO ですから、PR ＝ $\frac{\sqrt{3}}{2} a \times 2 = \sqrt{3}a$ と分かります。

📝 弧の長さ
円周 × 円に対する割合
＝ $2\pi r \times \dfrac{\text{中心角}}{360°}$

　また、アとエの中心角は、図 3 のように、180° − (30° × 2) ＝ 120° となりますので、2 つの円弧の長さの合計は、次のようになります。

直角三角形の 3 辺比は p.265 参照。いずれも「第 2 部数的推理」の内容です。

$$2\pi \times \sqrt{3}a \times \frac{120}{360} \times 2 = \frac{4\sqrt{3}}{3}\pi a$$

図形が回転した角度と同じですね。

図2

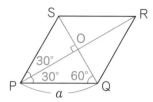

図3

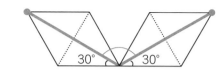

これより、ア～オの円弧の長さの合計は、次のようになります。

$$3\pi a + \frac{4\sqrt{3}}{3}\pi a = \left(3 + \frac{4\sqrt{3}}{3}\right)\pi a$$

よって、肢5が正解です。

正解 ▶ 5

　下の図のように、Aの字が描かれた半径 a の円が、同一直線に接する半径 $3a$ の固定された円に外接しながら滑ることなく矢印の方向に回転し、アの位置からイ及びウの位置まで移動した。このとき、イ及びウの位置における半径 a の円の状態を描いた組合せとして、妥当なのはどれか。

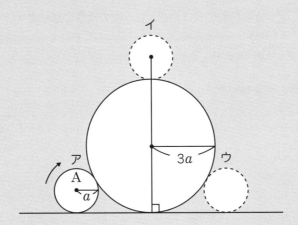

	イ	ウ		イ	ウ
1	A	A	2	A	Ɐ

3 　　4

5

　大円の中心を O、アの位置で大円に接している小円の接点を P、中心を Q とし、図1のように、<u>直角三角形 OQR</u> を作ります。

> 円の中心同士を結ぶと、接点（P）を通ります。

　まず、OQ = 3a + a = 4a で、図の四角形 QSTR は長方形ですから、RT = QS = a より、OR = 3a − a = 2a となります。

　そうすると、OQ : OR = 4a : 2a = 2 : 1 ですから、直角三角形 OQR は三辺比が 1 : 2 : $\sqrt{3}$ の形で、∠ OQR = 30°，∠ QOR = 60° と分かります。

　これより、イの位置の小円の中心を Q´ とすると、∠ QOQ´ = 120° ですから、$\overset{\frown}{\text{PP}'}$ の（図の色の付いた円周部分）は<u>大円の円周のちょうど $\frac{1}{3}$</u> で、<u>小円の円周と同じ</u>であることが分かります。

> 120° は 360° の $\frac{1}{3}$ だからです。

図1

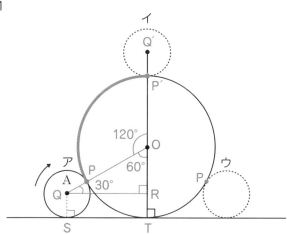

　そうすると、アの位置の接点 P は、<u>イの位置でも大円に接する</u>ことになり、図は左右対称ですから、ウの位置でも接することが分かります。

> $\overset{\frown}{\text{PP}'}$ と小円の円周1周分が重なって、イの位置でPが再び大円に接します。

　ここで、アの位置の点 P と A の字の位置関係を確認すると、図2のように、P から反時計回り 60° 先に A の字の先端がありますので、これを元に、イ，ウの位置での A の字の先端の位置を確認すると、図3のようになります。

図2

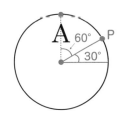

図3

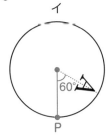

イ

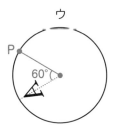

ウ

よって、正解は肢3です。

正解 ▶ 3

No. 65 立方体の展開図

▶ 刑務官（社会人）　▶ 2015

図のような三面のみに模様のある正六面体の展開図として最も妥当なのはどれか。

1

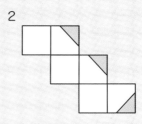

2

3

4

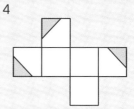

5

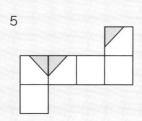

展開図を組み立てるときは、辺同士を重ねていきますが、その重なる辺は次の手順に従います。

手順1　最小の角をなす辺が重なる
手順2　さらにその隣同士の辺が重なる

正六面体（立方体）の場合、辺同士のなす最小の角は90°なので、手順1より、まず、90°をなす辺が重なります。たとえば、肢1の展開図では、図1の①〜③の3組が重なることになります。

　さらに、手順2より、①の隣同士で④、③の隣同士で⑤の2組の辺が重なることになりますが、②の隣同士（図の「NG！」の部分）は重なりません。なぜなら、図のAとBの面は、②で既に1組の辺が重なるわけで、同じ面で2組以上の辺が重なることはないからです。

　あとは、④の隣同士で⑥、さらにその隣同士で⑦と重なる辺が分かります。

　そうすると、ここで分かった重なる辺同士を、展開図上で重ねるように移動することができますので、図1の②を重ねるように、Aの面をBの隣へ、さらに、⑤を重ねるようにCの面をBの下へ移動すると、図2のようになります。

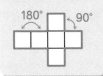

辺同士のなす角というのは、次のような角のことで、最小は90°です。
180° 90°

図1の③で、Q同士が重なりますので、⑤でP同士が重なると分かります。

図1

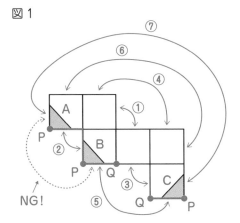

図2

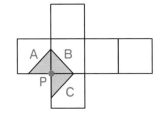

　図2より、肢1は、A〜Cそれぞれの角が黒い部分が頂点Pの周りに集まりますので、与えられた正六面体の展開図として妥当です。

　また、肢2〜肢5については、以下のようになります。

与えられた正六面体は、角の黒い部分が1頂点の周りに集まっていますよね。

肢2　図3のように、90°をなす2組の辺①，②が重なり、頂点 P 同士が重なりますが、右下の面の P は黒くなく、与えられた正六面体と合致しません。

肢3　図4のように、90°をなす①，②が重なり、①の隣同士の③、その隣同士の④が重なり、頂点 P 同士が重なりますが、左端の面の P は黒くなく、合致しません。

③の隣同士は、図のアとイですが、イは既に②でウと重なることが決まっていますので、ウの隣のエがアと重なることになります。

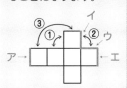

肢4　同様に、図5の頂点 P が重なりますが、左の面の P は黒くなく、合致しません。

肢5　同様に、図6の頂点 P が重なり、合致しません。

図3

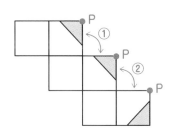

図4

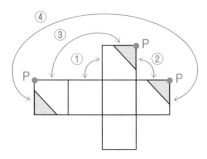

図5

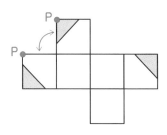

図6

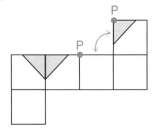

正解 ▶ 1

　右図のような小正方形16個からなる紙があり、ここから小正方形を1面とする立方体の展開図を切り取る。図の色の付いた3つの小正方形を必ず使うとき、どのような形の展開図を切り取る場合でも、絶対に使うことのない小正方形が2つあるが、それはA～Gのうちどれか。

B		C	D
			E
A		G	F

1　A, G
2　B, F
3　C, D
4　D, E
5　F, G

　立方体は、1つの頂点の周りに3枚の面が集まりますが、Gの面を使うと、図1のように、頂点Pの周りに4枚の面が集まり、立方体を組み立てることができません。

> この部分は、折れませんよね。

　また、Fの面を使う場合は、図2のように、Fのすぐ上の面も使うことになりますが、90°をなす辺を重ねると、図のように、アとウの辺がいずれもイの辺と重なり、立体を組み立てることができません。

> Gは使えないので、Fの上の面で色の付いた面と繋ぐことになります。

図1

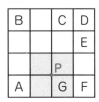

図2

　よって、FとGの面は絶対に使うことはなく、肢5が正解です。
　また、A～Eを含む展開図は、たとえば、図3のように、いずれも可能です。

図3

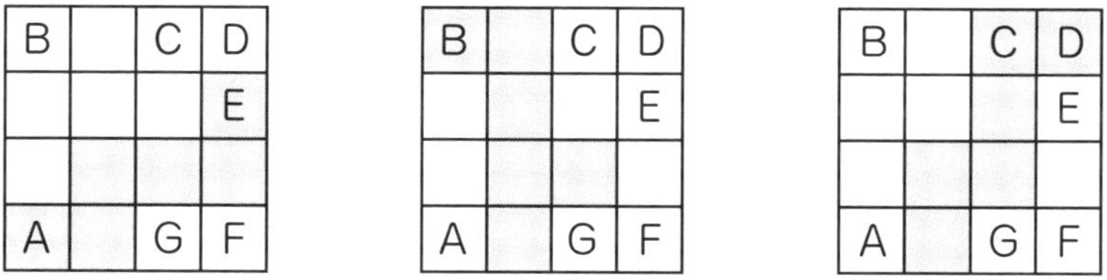

B		C	D
			E
A		G	F

B		C	D
			E
A		G	F

B		C	D
			E
A		G	F

！ここがPOINT

立方体の展開図の基本形は、図のような「1, 4, 1」の形です。すなわち、重なる辺に面を移動して、この形になれば、立方体になります。

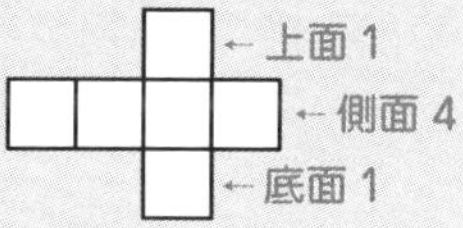

← 上面 1
← 側面 4
← 底面 1

正解 ▶ 5

下の図のような展開図について、点線を山折りにしてできる正八面体を見た図として、妥当なのはどれか。

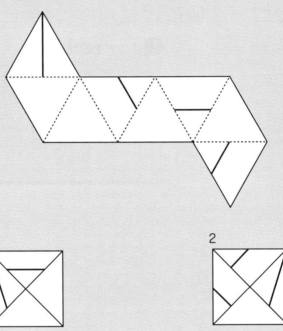

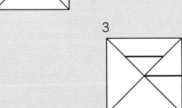

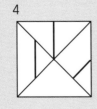

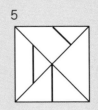

図1のように、8枚の面をア〜クとし、面アの各頂点をA〜Cとします。

正八面体の展開図の場合、<u>辺同士のなす</u>最小の角度は120°で、あとは立方体と同じように重なる辺を調べることができます。

p.141の「手順1」参照。

これに従って重なる辺を調べると、図のように、まず、120°をなす①と②が重なり、それぞれの隣同士の③と④、さらにその隣同士の⑤が重なると分かります。

図1

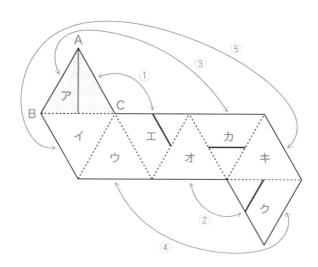

これより、展開図に描かれた4本の線のうち、面アに描かれた1本だけ長い線に着目して、選択肢を確認します。

肢1　図2のように、面アの位置を確認でき、Cに集まる4面ア，イ，ウ，エを見た図となります。しかし、面エに描かれた線が、展開図では面オにつながっていますが、ここでは、面ウにつながっており、合致しません。

肢2　同様に、図3のように、面アを確認すると、<u>Bに集まる4面ア，イ，キ，カを見た図</u>となります。しかし、展開図では線がない面キに線があり、合致しません。

図1の③と⑤から、カとキが集まると分かりますね。

図2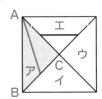

図3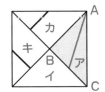

肢3〜5　同様に、面アの位置を確認すると、いずれもAに集まる4面を見
　　た図と分かります。

　　　これより、図4のように、図1の①の辺を重ねて面アを移動すると、A
　　の周りの4面は、反時計回りにア→エ→オ→カと並ぶことが分かります
　　ね。

図4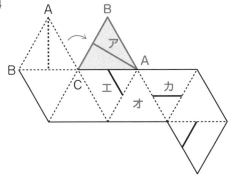

　　　これより、肢3〜5を確認すると、図5のようになり、肢3には、面カに
　あるはずの線がなく、肢5にも、面エにあるはずの線
　がありませんので、ここで合致しないと分かります。

> 逆に、オにないはず
> の線がありますね。

図5

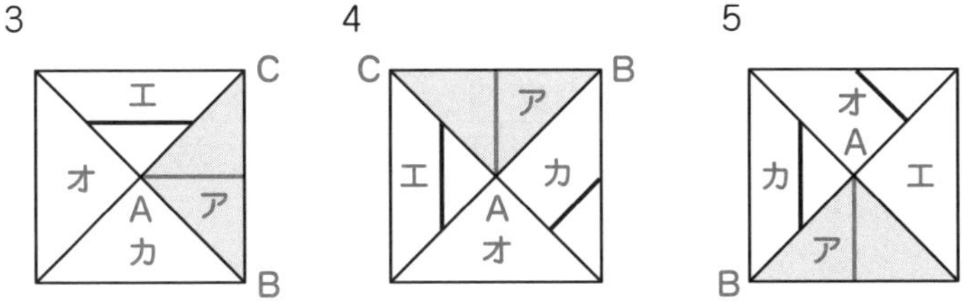

3 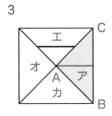　　　4 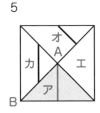　　　5

　　　残る肢4については、展開図と合致することが分かり、肢4が正解です。

正解 ▶ 4

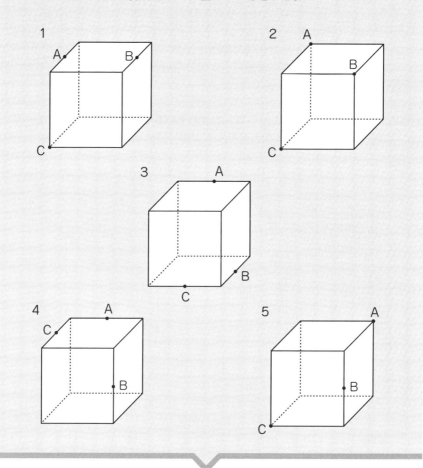

No.
68 立体の切断
▶ 東京都キャリア活用　▶ 2015

立方体の頂点及び中点のうちの3点A，B，Cを通る平面で切断した場合の切り口が三角形となる立方体として、正しいのはどれか。

立体を1つの平面で切断したときの切り口を描く方法は、次の手順になります。

手順1　同じ面にある2点はそのまま結ぶ
手順2　平行な面に入る切り口の線は平行になるように繋げる

これをもとに、選択肢それぞれの A，B，C を通る切り口を描きます。

肢1　まず、A と B、A と C は、同じ面の上にあります
　　　ので、図1の①のように、そのまま結びます。
　　　　立方体の向かい合う面は平行ですから、②のよ
　　　うに、B を通って AC と平行な線を右側面に描き、
　　　辿り着いた頂点を D とします。
　　　　そうすると、C と D は同じ面の上にありますの
　　　で、③のようにそのまま結ぶと、切り口は長方形
　　　になると分かります。

> A と B は上面、
> A と C は左側面
> に共にあります。

> A と B はともに中
> 点ですから、D は C
> と同様に、立方体の
> 頂点になります。

肢2　A と B、A と C、B と C は、いずれも同じ面の上にありますので、図2
　　　のように、それぞれそのまま結んで、切り口は正三角形になります。

図1

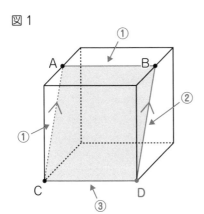

図2

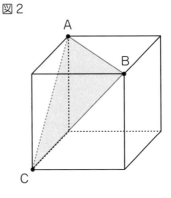

肢3　B と C は同じ面の上にありますので、そのまま結びます（図3①）。
　　　　次に、A を通って BC と平行な線を上面に描き、AD とします（②）。
　　　　そうすると、A → B は、背面→右側面、D → C は、左側面→正面を通っ
　　　て繋がりますので、それぞれ平行な面に
　　　平行な線が入るように描くと、③のよう
　　　になり、切り口は正六角形になります。

> AD から包丁を入れて、BC に
> 抜けるように切るイメージで
> す。図の D, E, F はいずれも
> 中点で、正六角形になります。

肢4　A と C は同じ面の上にありますので、
　　　そのまま結びます（図4①）。
　　　　肢3と同様に、A → B は、背面→右側面、C → B は、左側面→正面を通っ
　　　て繋がりますので、平行な面に平行な線を描き（②）、切り口は五角形に
　　　なります。

図3

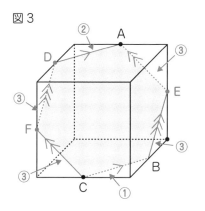

図4

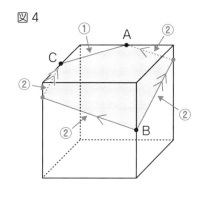

肢5　AとB、BとCは同じ面の上にありますので、そのまま結びます（図5①）。
　　　次に、Aを通ってBCに平行な線ADを描くと（②）、CとDは同じ面
　　の上にありますので、そのまま結んで
　　（③）、切り口はひし形になります。

> Dも中点ですから、4辺が全て同
> じ長さになり、ひし形になります。

図5

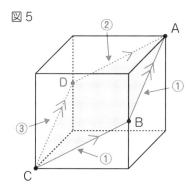

以上より、切り口が正三角形になる肢2が正解です。

正解 ▶ 2

151

　白い材質で出来た同じ大きさの立方体と、黒い材質で出来た同じ大きさの立方体を、それぞれ4個ずつ用いて、図のような一つの立方体を作った。この立方体を、図中の点A，B，Cの3点を含む平面で切断したときの断面として最も妥当なのはどれか。

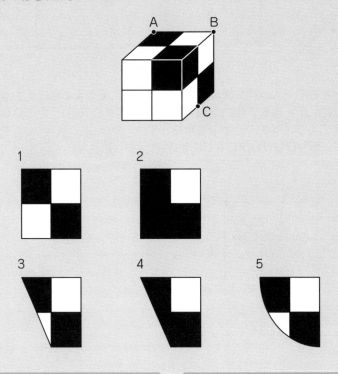

　まず、切断面を描く手順（p.149）に従って、切断面を描きます。

　手順1より、AとB、BとCをそのまま結び、手順2より、図1のように、Aを通りBCと平行な線ADを左側面に描きます。最後に、CとDを結ぶと、切断面は長方形ABCDとなりますね。

　次に、立方体の色について、白と黒の立方体は4個ずつなので、下段の奥にある立方体は黒と分かり、上から2段に分けて確認すると、図2のようになります。

図1

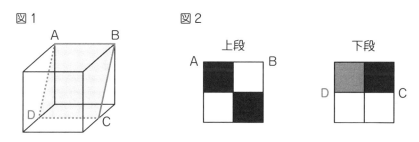

図2

上段　　　　　　　　　下段

これより、切断面 ABCD は図3のようになり、肢2が正解です。

図3

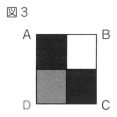

正 解 ▶ 2

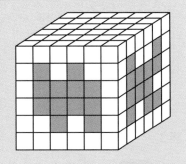

No.
70 積み木

▶ 国家一般職（社会人）　▶ 2013

　同じ大きさの小さな立方体を、一辺につき6個ずつ並べて隙間なく積み上げて貼り合わせ、図のような大きな立方体を作った。この立方体の黒く塗られた部分を垂直に反対側までくり抜いたとき、残る小さな立方体の個数はいくつか。

1　74個　　2　94個　　3　110個　　4　122個　　5　130個

　大きな立方体を上から6段にスライスし、それぞれの段について平面図（上から見た図）を描いて、くり抜かれた小さな立方体の数を調べます。

> 「一段スライス」という方法です。

　まず、一番上の段と一番下の段については、くり抜かれる小さな立方体はありませんので、それぞれ、6 × 6 = 36（個）全て残ります。

　2段目については、図1の矢印で示した、正面2か所と側面2か所が黒く塗られていますので、それぞれの列を反対側までくり抜くと、図の色の付いた部分が抜かれ、○の16個が残ります。

　同様に、3段目～5段目についても、図2～図4のようになり、3段目は4個、4段目は6個、5段目は12個が残ります。

図1　2段目

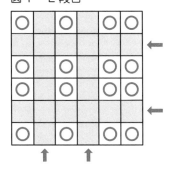

図2　3段目

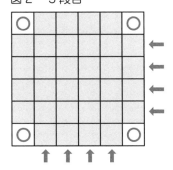

図3　4段目

図4　5段目

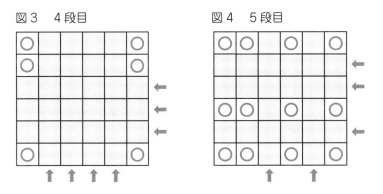

　よって、残る小さな立方体の数を上から順に合計すると、36 ＋ 16 ＋ 4 ＋ 6 ＋ 12 ＋ 36 ＝ 110（個）となり、肢3が正解です。

正解 ▶ 3

同じ大きさの64個の小立方体を、図のように組み合わせて大きな立方体を作った。これを図のA，B，Cの3点を通る平面で切断したとき、2つに分かれることなく元の形のまま残る小立方体の個数として正しいのはどれか。

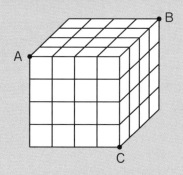

1　34個　　2　38個　　3　44個　　4　48個　　5　54個

切断面は、図1のような正三角形ABCとなり、この切断面と各段の境目との交点を、図のようにD～Iとします。

図1

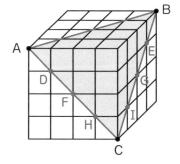

これより、大きな立方体を上から4段にスライスして、各段の平面図に切断面を描きます。

まず、1段目について、ここを通る切断面はABからDEまでで、図2の着色部分になります。これにより切断される小立方体は、〇の付いた7個ですね。

　同様に、2段目を通る切断面はDEからFGまでで、切断されるのは図3の○の付いた5個です。さらに、3段目を通るのはFGからHIまでで、図4の3個、4段目を通るのはHIからCで、図5の1個ですね。

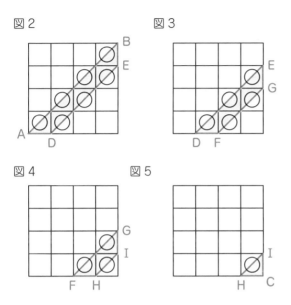

図2　　　　　　　　　　図3

図4　　　　　　　　　　図5

　以上より、切断されて2つに分かれる小立方体は、7 + 5 + 3 + 1 = 16（個）ですから、元の形のまま残る小立方体は、64 − 16 = 48（個）で、肢4が正解です。

正解 ▶ 4

　図Ⅰのような、三辺の長さが1cm，1cm，2cm で、上半分は黒く、下半分は白い直方体があり、この直方体6個を組み合わせて、図Ⅱのような立体を作った。このとき、アとイの直方体が、面で接している直方体の個数の組合せとして、正しいのはどれか。

図Ⅰ

図Ⅱ

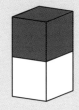

	ア	イ
1	2	2
2	2	4
3	3	2
4	3	4
5	4	3

　図1のように、見えている4か所の黒い部分をA～Dとします。
　直方体は6個ですから、黒い部分も6か所あることになり、見えていないところにあと2か所あることになります。

図1

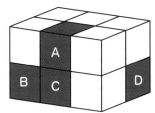

158

　ここで、図2のように、上段と下段に分けて平面図を描くと、A～Dは図の部分となり、図1で見えていない部分は、図2の下段のE；Fだけですから、この2か所が残る黒い部分と分かります。

図2

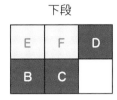

　これより、A～Fの6か所の黒い部分は、いずれも隣り合う白い部分と一体となって1個の直方体となりますので、それぞれの白い部分を探します。
　まず、B, E, Fについては、下段においては黒い部分に囲まれていますので、上段の白い部分（図3の上段のB, E, F）とそれぞれ一体となっていると分かります。
　また、AとCは黒い部分同士が上下に並んでいますので、いずれも右隣の白い部分（図3の白いAとC）と一体になっており、残るDの黒い部分は、上段の白い部分（図3の上段のD）と一体になると分かります。

図3

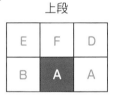

　これより、アの直方体は図3のEで、面で接しているのはB, Fの2個、イの直方体はAで、面で接しているのはB, C, D, Fの4個ですから、肢2が正解です。

正 解 ▶ 2

次の図は、27個の透明な立方体のいくつかに球を入れ、3段に積み重ねた大立方体を作り、3方向から見たものである。球の個数が最大となるのはどれか。

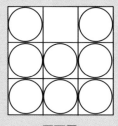

平面図

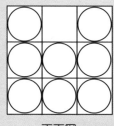

正面図

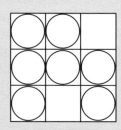

右側面図

1　17個　　2　18個　　3　19個　　4　20個　　5　21個

　平面図の3×3のマスに、そこに入っている球の数を書き込んでいきます。たとえば、27個全ての立方体に球が入っている場合は、図1のように、いずれも3個と記入します。

　求めるのは球の個数が最大となる場合なので、図1の状態から、3方向から見た図を満たすように、最小限の球を取り除きます。

　まず、平面図について、図2の①の部分には球が見えませんので、この部分の3個を取り除き0個とします。

　次に、正面図について、1番上の真ん中の部分に球が見えませんので、この列の球を取り除くと、平面図においては、図3の矢印②の列から1段目の球を取り除き、1つずつ球の個数を減らします。

> 0個の部分は、もちろん、0個のままです。

最後に、側面図について、1番下の真ん中の列（平面図では図4の矢印③）と、1番上の右の列（同④）に球が見えませんので、それぞれ球を取り除くと、図4のような個数になります。

> 既に取り除かれていないか、確認して引いてくださいね。

図1

3	3	3
3	3	3
3	3	3

図2

	①	
3	0	3
3	3	3
3	3	3

図3

3	0	3
3	2	3
3	2	3
	↑②	

図4

2	0	2	←④
2	1	2	←③
3	2	3	

これより、図4の各マスの球の個数を合計すると、17個となり、肢1が正解です。

正 解 ▶ 1

次の図のように、マス目に沿ってサイコロを転がしていったとき、図中のA及びBの目の数の組合せはどれか。ただし、サイコロは背中合わせの目の数の和が7であるものとする。

	A	B
1	1	4
2	1	6
3	2	3
4	2	4
5	3	6

サイコロの目の配置を位相図に表して調べます。

スタートの位置でのサイコロの目を、「2」の目を正面として位相図に表すと、図1のようになり、背中合わせの目の数の和は7なので、図2のようになります。

位相図とは、立体を点と線の位置関係を保ったまま平面化した図です。立方体の位相図は図1のような図で、中央の正方形は上面、周りの台形は側面を表し、底面の目は、図2のように（　）などに記入します。

図1

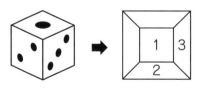

図2

（6）

これより、サイコロを転がしたときの目を位相図に表します。

図3の①よりスタートして、①→②→③と転がすと、側面の「4」と「3」はそのままですが、その他の目は図のように移動します。

さらに、③→④→⑤と移動し、Aは「1」と分かります。

図3

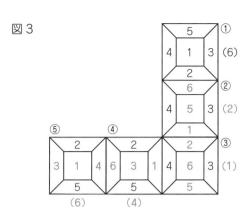

⑤から先も同様に作業すると、図4のようになり、Bは「6」と分かります。

サイコロは、同じ方向に4回、転がすと元の状態に戻りますので、図4の⑧→⑫については、作業を省略できます。

また、⑤→⑧も、3回、転がしており、あと1回で元に戻りますので、⑤から反対方向（後の方向）に1回、転がせば⑧と同じ図が描け、ここでも作業を簡略できます。

⑧→⑬で「1」と「6」の目は動きませんので、Bを求めるだけなら、この部分を丸ごと省略できますね。

図4

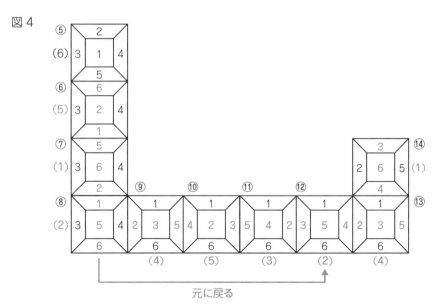

よって、Aは「1」、Bは「6」で、肢2が正解です。

正解 ▶ 2

163

　下の図のように、同じサイコロ3個を、互いに接する面の目の和がそれぞれ6になるように並べたとき、A，Bの各面の目の数の合計として、正しいのはどれか。ただし、サイコロの任意の面とその反対側の面の目の数の和は7である。

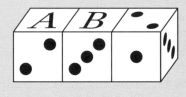

1　4　　　　2　5　　　　3　6　　　　4　7　　　　5　8

　与えられたサイコロを①～③とし、その目を位相図に表します。反対側の面との目の和が7になるように記入すると、図1のようになります。

図1

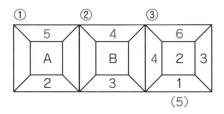

（5）

　また、互いに接する面の目の和は6なので、③の「4」と接する②の面は「2」、その反対側の面は「5」で、これと接する①の面は「1」となり、図2のようになります。

図2

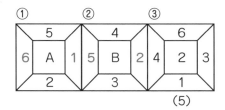

（5）

164

　　ここで、①のサイコロについて、1つの頂点を囲む3面の目の配置を調べると、図3のように、1 → 2 → A と時計回りに並ぶのが分かります。

　　これより、③のサイコロで、1つの頂点を囲んで 1 → 2 → ? の並びを調べると、時計回りだと 1 → 2 → 3、反時計回りだと 1 → 2 → 4 と並ぶのが分かり、A と一致するのは「3」と分かります。

　　同様に、②のサイコロについても、B → 2 → 3 と時計回りに並ぶことから、B は「1」と分かります。

図3

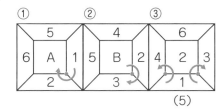

(5)

　　よって、A と B の目の和は 3 ＋ 1 ＝ 4 となり、肢 1 が正解です。

正 解 ▶ 1

第 2 部

数的推理

ある仕事を A 社が行うと 16 日で終了する。この仕事を、A 社で 4 日間行った後、残りを B 社で 18 日間かけて終わらせた。B 社だけでこの仕事を行ったときにかかる日数はいくらか。

1　20 日
2　22 日
3　24 日
4　26 日

全体の仕事量を 1 とすると、A 社では 1 日当たり $\frac{1}{16}$ だけの仕事ができますので、4 日間で、$\frac{1}{16} \times 4 = \frac{1}{4}$ だけの仕事をしたことになります。

そうすると、残り $\frac{3}{4}$ の仕事に B 社は 18 日かかったことになり、1 日当たりでは、$\frac{3}{4} \div 18 = \frac{3}{4} \times \frac{1}{18} = \frac{1}{24}$ だけの仕事をすることが分かります。

これより、B 社だけでこの仕事を行うと 24 日かかると分かり、肢 3 が正解です。

正解 ▶ 3

　ある水槽には、A，Bの2本の給水管があり、この水槽を空の状態から満水にするのにA管では60分、B管では40分かかる。また、満水の水槽を栓を抜いて空にするのに120分かかる。

　この水槽を空の状態から満水にするため、最初はB管のみで給水していたが、水槽の栓をしておらず排水していることに途中で気付いた。すぐに栓をすると同時にA管とB管の両方で給水をしたところ、栓をしてから20分後に満水となった。栓をしたのは最初の給水を開始してから何分後か。

　ただし、A管からの給水、B管からの給水及び水槽からの排水は常に一定であるものとする。

1　10分後
2　12分後
3　14分後
4　16分後
5　18分後

　満水の量を1とすると、A管、B管それぞれの1分当たりの給水量は、$\dfrac{1}{60}$，$\dfrac{1}{40}$ となり、また、栓を抜いたときの1分当たりの排水量は、$\dfrac{1}{120}$ となります。

　これより、まず、栓をしてからA管とB管の両方で20分間に給水した量を計算すると、次のようになります。

$$\left(\dfrac{1}{60}+\dfrac{1}{40}\right)\times 20 = \dfrac{2+3}{120}\times 20 = \dfrac{5}{120}\times 20 = \dfrac{5}{6}$$

　これより、初めに栓を抜いた状態でB管のみで、$\dfrac{1}{6}$ だけ給水したことになり、このときの1分当たりの給水量は、$\dfrac{1}{40}-\dfrac{1}{120}$

$=\dfrac{3-1}{120}=\dfrac{2}{120}=\dfrac{1}{60}$ ですから、ここにかかった

> 栓を抜いているので、排水の分だけマイナスになります。

時間は、$\dfrac{1}{6}\div\dfrac{1}{60}=\dfrac{1}{6}\times 60 = 10$（分）と分かります。

　よって、10分後となり、肢1が正解です。

正解 ▶ 1

A，Bの2人が50m^{2}の部屋の掃除を終えるのに20分、A，Cの2人が33m^{2}の部屋の掃除を終えるのに22分、B，Cの2人が72m^{2}の部屋の掃除を終えるのに24分を要する。このとき、Cが1人で20m^{2}の部屋の掃除を終えるのに要する時間はどれか。ただし、A～Cのそれぞれの単位時間当たりの作業量は一定とする。

1　10分　　　2　20分　　　3　30分　　　4　40分　　　5　50分

AとB、AとC、BとCの、それぞれ1分当たりの作業量（掃除する部屋の面積）を計算すると、次のようになります。

AとB　→　50m^2÷20分＝2.5m^2
AとC　→　33m^2÷22分＝1.5m^2
BとC　→　72m^2÷24分＝3.0m^2

これより、A，B，Cのそれぞれ1分当たりの作業量をa，b，cとすると、次のような方程式が立ちます。

$a + b = 2.5$　…①
$a + c = 1.5$　…②
$b + c = 3.0$　…③

①＋②＋③より　　$2a + 2b + 2c = 2.5 + 1.5 + 3.0$
　　　　　　　　　$2(a + b + c) = 7.0$
両辺を2で割って　$a + b + c = 3.5$
①を代入して　　$2.5 + c = 3.5$
　　　　　　　　$c = 3.5 - 2.5$
　　　　　　　　$\therefore c = 1.0$

これより、Cの1分当たりの作業量は1.0m^{2}と分かり、20m^{2}にかかる時間は、20÷1.0＝20（分）となり、肢2が正解です。

正解 ▶ 2

　ある会社の採用試験では、合格者は 10 人で、競争率（受験者数 / 合格者数）は 10 倍であった。受験者全員の平均点は 50 点で、合格者の平均点は 68 点であったとき、不合格者の平均点は何点か。

1　45 点
2　46 点
3　47 点
4　48 点

　合格者は 10 人ですから、受験者数はその 10 倍の 100 人で、不合格者は 90 人と分かります。
　これより、不合格者の平均点を x 点とすると、合格者の合計点＋不合格者の合計点＝全受験者の合計点より、次のような方程式が立ちます。

$$68 \times 10 + 90x = 50 \times 100$$

$$680 + 90x = 5000$$
$$90x = 5000 - 680$$
$$90x = 4320$$
$$\therefore x = 48$$

> 「平均＝合計÷人数」より、「平均×人数＝合計」となります。

よって、不合格者の平均点は 48 点で、肢 4 が正解です。

【別解】

また、本問は、次のような「てんびん図」で解くこともできます。

まず、図1のように、右に合格者、左に不合格者の平均点を取り、おもりにそれぞれの人数を置くと、支点の位置が全受験者の平均点となります。

図のアとイの長さは、おもりの重さの逆比になりますので、ア：イ＝10：90＝1：9となり、イ＝68－50＝18ですから、ア＝18 × $\dfrac{1}{9}$

＝2となり、図2のように、$x = 50 - 2 = 48$ と分かります。

> ### ✎ てんびんの原理
> 図において、AP＝BQ が成り立つので、A：B＝Q：P となる。

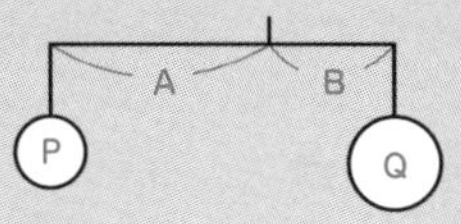

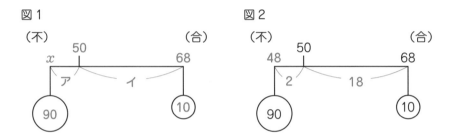

図1

図2

正解 ▶ 4

172

　ある園芸サークルでは、会員のうちサークルで定める年齢以上の者を特別会員と定め、会費を減額している。特別会員の数は、会員全体の 10％であり、その平均年齢はサークルの定める年齢より 3.0 歳高く、また、一般会員の平均年齢はサークルの定める年齢より 5.0 歳低い。会員全体の平均年齢が 57.8 歳であるとき、このサークルの定める年齢はどれか。

1　53 歳　　　2　56 歳　　　3　59 歳　　　4　62 歳　　　5　65 歳

　特別会員は全体の 10％ですから、一般会員は 90％で、特別会員：一般会員：全会員＝ 1：9：10 となります。

　これより、サークルの定める年齢を x 歳とすると、特別会員の平均年齢は $x + 3$（歳）、一般会員の平均年齢は $x - 5$（歳）と表せ、年齢の合計の関係で次のような方程式が立ちます。

$$(x + 3) \times 1 + (x - 5) \times 9 = 57.8 \times 10$$

$$x + 3 + 9x - 45 = 578$$
$$10x = 578 - 3 + 45$$
$$10x = 620$$
$$\therefore x = 62$$

> 実際の人数が分からなくても、比で同様に方程式を立てることができます。

　よって、サークルの定める年齢は 62 歳となり、肢 4 が正解です。

第 2 部　数的推理

【別解】

　また、てんびん図を使う場合は、図1のように、右に特別会員、左に一般会員の人数比をおもりに置くと、ウデの長さ（支点から端までの距離）は1:9となります。

> てんびん図の横棒のことを「ウデ」といいます。

　ウデの両端には、それぞれの平均年齢を取りますが、サークルの定める年齢に対して、特別会員は＋3.0、一般会員は－5.0で、その差は8.0ですから、これがウデの右端から左端までの長さになります。

　そうすると、図2のように、8.0を1:9に分けて、支点までの長さは0.8と7.2となり、一般会員の平均年齢は、57.8－0.8＝57（歳）、特別会員の平均年齢は、57.8＋7.2＝65（歳）と分かり、サークルの定める年齢は、65－3.0＝62（歳）となります。

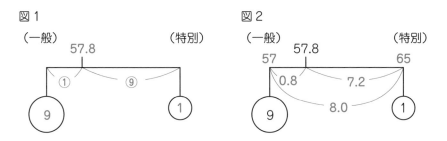

図1

図2

正解 ▶ **4**

　ある会社には総務部，営業部，開発部の３つの部があり，総務部の部員は 5 人で，平均年齢は 41 歳である。また，営業部の部員は 15 人で，開発部の部員は 10 人であり，平均年齢は営業部のほうが開発部より 5 歳低い。３つの部を合わせた部員の平均年齢は 36 歳であるとき，営業部の部員の平均年齢はいくつか。

1　30 歳　　　2　31 歳　　　3　32 歳　　　4　33 歳　　　5　34 歳

　営業部の平均年齢を x 歳とすると、開発部の平均年齢は $x + 5$（歳）と表せ、３つの部における年齢の合計の関係で次のような方程式が立ちます。

$$41 \times 5 + x \times 15 + (x + 5) \times 10 = 36 \times (5 + 15 + 10)$$

$$205 + 15x + 10x + 50 = 36 \times 30$$
$$25x = 1080 - 205 - 50$$
$$25x = 825$$
$$\therefore x = 33$$

　よって、営業部の平均年齢は 33 歳となり、肢 4 が正解です。

正解 ▶ 4

　あるプロジェクトチームにA，B，Cの3人が属しており、平成25年9月1日現在、3人の平均年齢はちょうど32歳であった。その後、CがDと交代し、平成26年9月1日現在におけるA，B，Dの平均年齢はちょうど31歳となった。CとDの平成26年9月1日現在における年齢差はいくらか。

1　3歳　　　2　4歳　　　3　5歳　　　4　6歳　　　5　7歳

　平成25年9月1日現在のA，B，Cの平均年齢は32歳ですから、そのちょうど1年後の平均年齢は33歳になっています。
　そうすると、平成26年9月1日現在のA，B，Cの年齢の合計は 33 × 3 = 99（歳）となります。
　また、同じ平成26年9月1日現在のA，B，Dの年齢の合計は 31 × 3 = 93（歳）ですから、その差は、99 − 93 = 6（歳）で、これがCとDの年齢差になります。
　よって、肢4が正解です。

正解 ▶ 4

A～Dは1～9の互いに異なる整数で、右の筆算が成り立っている。このとき、A＋B＋C＋Dの値はいくらか。

```
        1  A  B
  ×           B
 ─────────────
     C  D  B  9
```

1 15   2 18   3 20   4 24

まず、一の位について、「B×B」の一の位が9ですから、このようになるBを考えると、3×3＝9、または、7×7＝49のいずれかとなります。

しかし、「1AB」は200未満の数ですから、B＝3の場合、「1AB×3」の計算結果は600未満で、計算式のように4桁の数になることはなく矛盾します。

これより、B＝7に決まり、十の位へ4繰り上がりがあると分かります（図1）。

次に、十の位について、「A×7」に繰り上がりの4を加えた数の一の位が7ですから、「A×7」の一の位は3で、このようになるのは9×7＝63のみです。

よって、A＝9で、百の位へ6繰り上がりがあると分かります（図2）。

そうすると、百の位は、1×7＝7に繰り上がりの6を加えて13で、図3のようになります。

図1

```
        1  A  7
  ×           7
 ─────────────
     C  D  7⁴9
```

図2

```
        1  9  7
  ×           7
 ─────────────
     C  D⁶7  9
```

図3

```
        1  9  7
  ×           7
 ─────────────
     1  3  7  9
```

以上より、A＝9, B＝7, C＝1, D＝3となり、その和は20で、肢3が正解です。

正解 ▶ 3

次の図のように、1～25 までのそれぞれ異なる整数をマス目に入れて、縦,横, 対角線の数の和がいずれも等しくなるように配置したとき、A と B のマス目の数の積はどれか。

11		7	20	3
		A		
17	5			9
10	18	1	14	
23	6	19	2	B

1　240　　　　2　315　　　　3　330　　　　4　360　　　　5　375

まず、マス目に入れる 1 ～ 25 の総和を考えると、1 ＋ 2 ＋ 3 ＋…＋ 23 ＋ 24 ＋ 25 となり、両端から 2 つずつ組み合わせた和はいずれも 26 ですから、26 × 25 ÷ 2 ＝ 325 と求められますね。そうすると、これを 5 列に均等に分けると、1 列当たり 325 ÷ 5 ＝ 65 ですから、どの列の和も 65 になるように配置されていることになります。

> 等差数列の和の求め方（p.253）参照

これより、図のように C ～ E とすると、次のように求められます。

①の和より
　23 ＋ 6 ＋ 19 ＋ 2 ＋ B ＝ 65　∴ B ＝ 15

②の和より
　11 ＋ C ＋ 7 ＋ 20 ＋ 3 ＝ 65　∴ C ＝ 24

③の和より
　C（＝ 24）＋ D ＋ 5 ＋ 18 ＋ 6 ＝ 65　∴ D ＝ 12

④の和より
　11 ＋ D（＝ 12）＋ E ＋ 14 ＋ B（＝ 15）＝ 65　∴ E ＝ 13

⑤の和より
　7 ＋ A ＋ E（＝ 13）＋ 1 ＋ 19 ＝ 65　∴ A ＝ 25

	④↘	③↓	⑤↓		
②→	11	C	7	20	3
		D	A		
	17	5	E		9
	10	18	1	14	
①→	23	6	19	2	B

よって、AとBの積は、25 × 15 = 375 で、肢 5 が正解です。

【別解】

本問のような、縦，横，対角線の和がすべて同じになる魔方陣は、中央から対称な位置にある 2 数の和がいずれも同じになる構成になる場合がほとんどですので、これに従って調べる方法もあります。

本問で、対称な位置にある 2 数を見ると、（7 と 19），（20 と 6），（3 と 23），（17 と 9）はいずれも和が 26 になっていますので、この規則性に従っていると期待できます。

そうすると、（A と 1），（B と 11）も対称な位置になりますので、ここから、A = 25，B = 15 が分かりますね。

必ずこうなるわけではありませんので気をつけてください。

この「26」は最小の1と最大の 25 の和です。ちなみに、そのちょうど真ん中の「13」が魔方陣の中央にくることになります。

正 解 ▶ 5

第 2 部　数的推理

179

交通量の多い X，Y の 2 地点で交通量調査を 8 回にわたって行ったところ、次の結果が得られた。それぞれの調査回における X 地点と Y 地点の交通量の関係について妥当なのはどれか。

X 地点	5	10	8	20	5	14	7	11
Y 地点	12	15	12	33	8	20	12	19

1　正比例している。
2　正比例はしていないが、片方の数値が増加するともう片方の数値も増加する傾向にある。
3　反比例している。
4　反比例はしていないが、片方の数値が増加するともう片方の数値が減少する傾向にある。

　2 つの数において、片方が 2 倍，3 倍，…となると、もう片方も 2 倍，3 倍，…となる関係を「正比例」といいます。

　また、片方が 2 倍，3 倍，…となると、もう片方は $\frac{1}{2}$，$\frac{1}{3}$，…となる関係を「反比例」といいます。

　本問では、たとえば、1 回目→ 2 回目において、X 地点が 5 → 10 と 2 倍になっていますが、Y 地点では 12 → 15 で、2 倍にも、$\frac{1}{2}$ にもなっていませんので、この 2 数は、正比例も反比例もしていません。

　しかし、数値を確認すると、X 地点が増加しているときは、Y 地点でも増加しており、片方が増加するともう片方も増加する傾向にあるといえます。

　よって、肢 2 が正解です。

正解 ▶ 2

あある診療所にはAとBの二つの水槽があり、メダカ，エビ，グッピーの3種類の生き物が飼育されている。次のことが分かっているとき、Aの水槽で飼育されている生き物の数とBの水槽で飼育されている生き物の数の比はいくらか。

ア　Aの水槽で飼育されている生き物の数の $\dfrac{3}{4}$ はメダカであり、エビはそのメダカの $\dfrac{1}{5}$ の数であり、グッピーは2匹である。

イ　Bの水槽で飼育されている生き物の数の $\dfrac{2}{3}$ はメダカであり、グッピーはそのメダカの $\dfrac{1}{5}$ の数であり、エビは6匹である。

	Aの水槽	:	Bの水槽
1	1	:	1
2	1	:	2
3	2	:	1
4	2	:	3
5	2	:	5

まず、条件アより、水槽Aの $\dfrac{3}{4}$ がメダカですから、エビとグッピーで $\dfrac{1}{4}$ です。また、エビはメダカの $\dfrac{1}{5}$ ですから、それぞれの比は次のようになります。

$$\text{エビ} \rightarrow \dfrac{3}{4} \times \dfrac{1}{5} = \dfrac{3}{20} \qquad \text{グッピー} \rightarrow \dfrac{1}{4} - \dfrac{3}{20} = \dfrac{5-3}{20} = \dfrac{2}{20} = \dfrac{1}{10}$$

$$\text{メダカ：エビ：グッピー} = \dfrac{3}{4} : \dfrac{3}{20} : \dfrac{1}{10}$$
$$= 15 : 3 : 2$$

それぞれに20をかけて整数比にします。

グッピーは2匹ですから、メダカは15匹、エビは3匹で、計20匹と分かりますね。

次に、条件イより、水槽Bの $\dfrac{2}{3}$ がメダカですから、エビとグッピーで $\dfrac{1}{3}$ で、グッピーはメダカの $\dfrac{1}{5}$ ですから、同様に次のようになります。

グッピー → $\dfrac{2}{3} \times \dfrac{1}{5} = \dfrac{2}{15}$ エビ → $\dfrac{1}{3} - \dfrac{2}{15} = \dfrac{5-2}{15} = \dfrac{3}{15} = \dfrac{1}{5}$

$$\begin{aligned} メダカ:エビ:グッピー &= \dfrac{2}{3} : \dfrac{1}{5} : \dfrac{2}{15} \\ &= 10 : 3 : 2 \end{aligned}$$

それぞれに 15 をかけて
整数比にします。

　エビは 6 匹ですから、10：3：2 ＝ 20：6：4 より、メダカは 20 匹、グッピーは 4 匹で、計 30 匹と分かります。

　よって、A と B の比は、20：30 ＝ 2：3 で、肢 4 が正解です。

正解 ▶ 4

週末の2日間で行われたイベントで生じた各日のゴミの量について調べたところ、2日目のゴミの量は1日目の1.2倍で、燃えるゴミと燃えないゴミの比は、1日目が13：15、2日目は9：7であった。1日目の燃えないゴミの量を100とした場合、2日目の燃えないゴミの量はいくらか。

1　94　　　　2　98　　　　3　100　　　　4　104　　　　5　108

1日目のゴミの量は、燃えるゴミ：燃えないゴミ：合計 = 13：15：28 ですから、1日目の合計の量は、燃えないゴミの量の $\frac{28}{15}$ 倍となります。

さらに、2日目のゴミの量は、1日目の $1.2 = \frac{6}{5}$（倍）で、燃えるゴミ：燃えないゴミ：合計 = 9：7：16 ですから、燃えないゴミの量は、全体の量の $\frac{7}{16}$ 倍となります。

これより、2日目の燃えないゴミの量は、1日目の燃えないゴミの量の $\frac{28}{15} \times \frac{6}{5} \times \frac{7}{16}$（倍）ですから、1日目の燃えないゴミの量を100とすると、2日目の燃えないゴミの量は、次のようになります。

$$100 \times \frac{28}{15} \times \frac{6}{5} \times \frac{7}{16} = 100 \times \frac{49}{50} = 98$$

よって、肢2が正解です。

正解 ▶ 2

　下図のように、３つの回転軸と４つの車輪Ａ〜Ｄ及び２つのベルトからなる装置があり、次のア〜ウのことが分かっている。

ア　Ａは直径35cm、Ｂは直径7cm、Ｃは直径42cm、Ｄは直径14cmである。
イ　各車輪の中心に回転軸があり、回転軸は一直線上に固定されている。
ウ　ＢとＣとは回転軸を共有して一体となって回転する。

　このとき、Ａを45回転させた際にＤが回転する数として、正しいのはどれか。ただし、ベルトは伸縮せず、ベルトと車輪は滑らない。

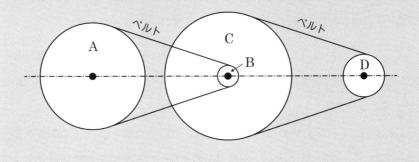

1　9　　　　2　27　　　　3　75　　　　4　135　　　　5　675

　ＡとＢの直径の比は35：7＝5：1ですから、Ａが１回転するとＢは5回転します。
　また、条件ウより、ＢとＣは一体で回転しますので、Ｂが5回転するとＣもまた5回転します。
　さらに、ＣとＤの直径の比は42：14＝3：1ですから、Ｃが１回転するとＤは3回転しますので、Ｃが5回転するとＤは15回転することになります。
　これより、Ａが１回転するとＤは15回転しますから、Ａが45回転したときのＤの回転数は、45×15＝675となり、肢5が正解です。

正解 ▶ 5

年齢の異なる A，B，C の 3 人がいる。A と B の年齢の比は、今から 8 年前には 6：5 であったが、今から 8 年後には 10：9 となる。また、A と C の年齢の比は、今から 8 年前には 2：1 であった。このとき、B と C の年齢の差はいくらか。

1　2歳　　　2　4歳　　　3　6歳　　　4　8歳　　　5　10歳

8 年前の A と B の年齢の比は 6：5 ですから、A を $6x$ 歳、B を $5x$ 歳とすると、8 年後の年齢は、8 年前と比べてそれぞれ 16 歳大きいので、A は $6x + 16$（歳）、B は $5x + 16$（歳）と表せ、8 年後の年齢の比から次のような方程式が立ちます。

$$(6x + 16) : (5x + 16) = 10 : 9$$

外項の積＝内項の積より
$$9 (6x + 16) = 10 (5x + 16)$$
$$54x + 144 = 50x + 160$$
$$54x - 50x = 160 - 144$$
$$4x = 16$$
$$\therefore x = 4$$

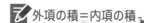

外項の積＝内項の積
$a : b = p : q$
⇓
$aq = bp$

これより、8 年前の A の年齢は $6 \times 4 = 24$（歳）、B の年齢は $5 \times 4 = 20$（歳）と分かります。

また、8 年前の A と C の年齢の比は 2：1 ですから、8 年前の C の年齢は A の $\frac{1}{2}$ で、12 歳となり、B と C の年齢の差は、$20 - 12 = 8$（歳）と分かります。

よって、肢 4 が正解です。

正　解 ▶ 4

第2部　数的推理

A事業所とB事業所の従業員数を比べると、全従業員数の比は5：8である。また、男性の従業員数の比は2：3で、女性の従業員数の比は4：7である。A事業所の男性の従業員数と女性の従業員数の比はいくらか。

1　1：2
2　2：1
3　2：3
4　3：2
5　3：4

A事業所とB事業所の男性の従業員数の比は2：3ですから、それぞれの人数を、$2x$人，$3x$人とします。

同様に、女性の従業員数の比は4：7ですから、$4y$人，$7y$人とします。

これより、A事業所とB事業所の従業員数（男性と女性の合計）の比について、次のような方程式が立ちます。

$$(2x + 4y) : (3x + 7y) = 5 : 8$$

外項の積＝内項の積より
$$8(2x + 4y) = 5(3x + 7y)$$
$$16x + 32y = 15x + 35y$$
$$16x - 15x = 35y - 32y$$
$$\therefore x = 3y$$

これより、A事業所の男性の従業員数は、$2x = 2 \times 3y = 6y$と表せ、男性と女性の従業員数の比は、$6y : 4y = 3 : 2$となり、肢4が正解です。

正解 ▶ 4

A，B，C の三つの容器にそれぞれ濃度が 5%，10%，15% の食塩水が入っている。A，B，C から食塩水をそれぞれ 100g，200g，300g 取り出し、混ぜ合わせた上で、水を追加して薄めたところ、濃度が 10% の食塩水ができた。このとき、追加した水の量は何 g か。

1　60g　　　2　80g　　　3　100g　　　4　120g　　　5　140g

追加した水の量を x g とすると、A〜C それぞれの食塩水に含まれる食塩の量の合計は、でき上がった 10% の食塩水に含まれる食塩の量と等しくなりますので、次のような方程式が立ちます。

> この食塩水の量は、A〜C の量＋水になりますね。

$$\frac{5}{100} \times 100 + \frac{10}{100} \times 200 + \frac{15}{100} \times 300 = \frac{10}{100}(100 + 200 + 300 + x)$$

両辺に 100 をかけて

$5 \times 100 + 10 \times 200 + 15 \times 300 = 10(600 + x)$

> 食塩の量＝濃度×食塩水の量となります。

$500 + 2000 + 4500 = 6000 + 10x$

$-10x = 6000 - 7000$

$-10x = -1000$

∴ $x = 100$

よって、加えた水の量は 100g で、肢 3 が正解です。

正解 ▶ 3

銀の含有率 65％の合金と、同じ合金で銀の含有率 90％のものを溶かし合わせて、銀の含有率 80％の合金 300g を作りたい。銀の含有率 65％の合金は何 g 溶かせばよいか。

1　100g　　　2　110g　　　3　120g　　　4　130g　　　5　140g

65％の合金の量を xg とすると、90％の合金の量は 300 $-$ x（g）と表せます。

> 合わせて 300g に
> なるようにします。

　そうすると、それぞれの合金に含まれる銀の量の合計は、80％の合金 300g に含まれる銀の量と一致しますので、この関係で次のような方程式が立ちます。

$$0.65x + 0.9(300 - x) = 0.8 \times 300$$

> 銀の量＝含有率×
> 合金全体の量
> となります。

両辺に 100 をかけて
$$65x + 90(300 - x) = 80 \times 300$$
$$65x + 27000 - 90x = 24000$$
$$-25x = 24000 - 27000$$
$$-25x = -3000$$
$$\therefore x = 120$$

よって、65％の合金の量は 120g となり、肢 3 が正解です。

【別解】

本問は、<u>てんびん図</u>で解くこともできます。

図 1 のように、2 種類の合金それぞれの銀の含有率をてんびんの両端に置くと、溶かし合わせて作った合金の銀の含有率（80％）が支点の位置に来ます。

> 「平均算」で使った図です。p.172 参照。

てんびんのウデの長さは、左が 80 − 65 ＝ 15、右が 90 − 80 ＝ 10 ですから、その比は 15 : 10 ＝ 3 : 2 となり、これより、おもりの重さの比は、ウデの逆比の 2 : 3 と分かります。

てんびんのおもりは、合金の量を表しますので、それぞれの量の比は、2 : 3 となり、合わせて 300g ですから、これを 2 : 3 に分けて、65％の合金の量は、

$300 × \dfrac{2}{5} = 120$（g）、90％の合金の量

は、$300 × \dfrac{3}{5} = 180$（g）となります（図 2）。

> 2 ＋ 3 ＝ 5 だから、全体を「5」に分けたうちの、「2」が前者で、「3」が後者ということ。
> 片方を計算したら、もう片方は 300 から引いたほうが早いですね。

図 1

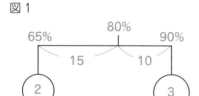

図 2

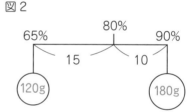

正 解 ▶ 3

ある食塩水に 12％の食塩水 300g と 4％の食塩水 100g を加えると、8％の食塩水 600g ができた。元の食塩水の濃度として正しいのはどれか。

1 4%　　2 6%　　3 8%　　4 10%　　5 12%

全部で 600g ですから、元の食塩水の量は、600 − 300 − 100 = 200（g）となります。

これより、元の食塩水の濃度を x％とすると、それぞれの食塩水に含まれる食塩の量について、次のような方程式が立ちます。

$$\frac{x}{100} \times 200 + \frac{12}{100} \times 300 + \frac{4}{100} \times 100 = \frac{8}{100} \times 600$$

$2x + 36 + 4 = 48$
$2x = 48 − 36 − 4$
$2x = 8$
∴ $x = 4$

よって、元の食塩水の濃度は 4％となり、肢 1 が正解です。

【別解】

　本問を、てんびん図で解く場合は、まず、12％の食塩水と 4％の食塩水を混ぜ合わせるとして、図 1 のように、てんびん図を描きます。

　おもり（食塩水の量）の比は、100：300 ＝ 1：3 ですから、ウデの長さの比は 3：1 となり、ウデの端から端までの長さ 12 － 4 ＝ 8 を 3：1 に分けると、6 と 2 となり、支点の位置は 4 ＋ 6 ＝ 10（％）となります。

　これより、この 2 種類の食塩水を合わせると 10％の食塩水 400g になりますので、これと元の食塩水を混ぜ合わせて 8％の食塩水 600g になる関係で、図 2 のようにてんびん図を描きます。

　おもりの比は、200：400 ＝ 1：2 ですから、ウデの長さの比は 2：1 となり、右の長さは 10 － 8 ＝ 2 なので、左は 4 となり、元の食塩水の濃度は 8 － 4 ＝ 4（％）となります。

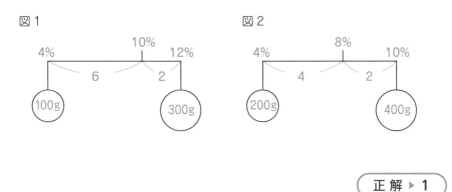

図 1　　　　　　　　　　　　　　　　図 2

正 解 ▶ 1

アドバイス

てんびんは、左右の 2 つを混ぜ合わせて支点でバランスを取るものです。
ですから、本問や No.91 のように、3 つを同時に混ぜ合わせる場合は、てんびんだと 2 回以上に分ける必要があり、方程式のほうが楽な場合が多いです。
しかし、次の No.94 のように、2 つを混ぜ合わせる操作を繰り返す場合は、てんびんが活躍する問題が多いですよ。

果汁 10%のオレンジジュースがある。これに水を加え果汁 3%のオレンジ ジュースにした。次に、果汁 8%のオレンジジュースを 500g 加えたところ、 果汁 5%のオレンジジュースになった。水を加える前の果汁 10%のオレンジ ジュースの量はどれか。

1　200g　　2　225g　　3　250g　　4　275g　　5　300g

最初の操作でできた 3%のオレンジジュースの量を xg とすると、これに 8% のオレンジジュース 500g を加えて、5%のオレンジジュースができたことか ら、果汁の量について次のような方程式が立ちます。

$$\frac{3}{100}\, x + \frac{8}{100} \times 500 = \frac{5}{100}\, (x + 500)$$

両辺に 100 をかけて
$3x + 8 \times 500 = 5(x + 500)$
$3x + 4000 = 5x + 2500$
$3x - 5x = 2500 - 4000$
$-2x = -1500$
$\therefore x = 750$

これより、3%のオレンジジュースは 750g と分かりましたので、ここで、 10%のオレンジジュースの量を yg とすると、最初の操作における、果汁の 量について次のような方程式が立ちます。

$$\frac{10}{100}\, y = \frac{3}{100} \times 750$$

両辺に 100 をかけて
$10y = 3 \times 750$
$10y = 2250$
$\therefore y = 225$

水には果汁は含まれ ていませんので、水 を加える前と後の果 汁の量は同じです。

よって、10%のオレンジジュースの量は 225g となり、肢 2 が正解です。

【別解】

てんびん図で解く場合も、3%のオレンジジュースと8%のオレンジジュースを混ぜて、5%のオレンジジュースになるところから始めます。

図1のように、てんびんの両端に3%と8%を置くと、支点は5%となり、ウデの長さは、左が5－3＝2、右が8－5＝3ですから、その比は2：3となり、おもりの比は3：2と分かります。

これより、8%のオレンジジュースの量は500gですから、3%のオレンジジュースの量は、$500 \times \dfrac{3}{2} = 750$（g）となります。

次に、10%のオレンジジュースと水を混ぜて、3%のオレンジジュース750gができたことについて、図2のように、てんびんの両端に10%と0%を置くと、支点は3%となり、ウデの長さは、左が3、右が7で、その比は3：7ですから、おもりの比は7：3となります。

> 水は果汁0%です。

これより、750gを7：3に分けると、左は$750 \times \dfrac{7}{10} = 525$（g）、右は$750 \times \dfrac{3}{10} = 225$（g）となり、10%のオレンジジュースの量は225gと分かります。

図1

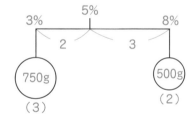

図2

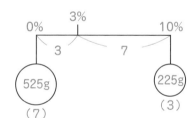

正解 ▶ 2

　ある店では、商品 A を仕入れて販売しており、設定した販売価格から仕入価格を引いたものが利益となる。この商品 A について、販売価格を希望小売価格の 2 割引に設定すると利益は 160 円となり、販売価格を希望小売価格の 3 割引に設定すると利益は 100 円となる。このとき、商品 A の仕入価格はいくらか。

1　260 円
2　280 円
3　300 円
4　320 円
5　340 円

　3 割引に設定すると、2 割引のときと比べて、希望小売価格の 1 割だけ利益が下がり、これが、160 − 100 = 60（円）に当たります。1 割が 60 円ですから、希望小売価格は 600 円と分かりますね。
　そうすると、2 割引での販売価格は 600 × 0.8 = 480（円）ですが、これで 160 円の利益があるので、仕入価格は 480 − 160 = 320（円）と分かります。

> 2 割引 → 1 − 0.2 = 0.8

　よって、肢 4 が正解です。

正解 ▶ 4

定価の 2 割引で売っても、原価の 4%の利益があるように定価を付ける店がある。この店のバーゲンで、ある商品 60 個を定価の 1 割引で売り、42,120 円の金額を得た。この商品 1 個当たりの利益はいくらか。

1　102 円
2　105 円
3　108 円
4　112 円
5　115 円

この商品 1 個当たりの原価を x 円、定価を y 円とすると、定価の 2 割引で原価の 4%増しになることから、次のような方程式が立ちます。

$$0.8y = 1.04x$$

両辺に 100 をかけて
$$80y = 104x$$
$$\therefore y = 1.3x$$

4%増し → 1 + 0.04 = 1.04

これより、定価は $1.3x$ 円（原価の 1.3 倍）と分かります。

そうすると、定価の 1 割引で 60 個売ったときの売上は 42,120 円ですから、1 個当たりの売値は 42,120 ÷ 60 = 702（円）で、これについて、次のような方程式が立ちます。

$$1.3x \times 0.9 = 702$$

$$1.17x = 702$$
両辺に 100 をかけて
$$117x = 70200$$
$$\therefore x = 600$$

よって、この商品 1 個当たりの原価は 600 円で、1 割引の売値は 702 円ですから、利益は 702 − 600 = 102（円）となり、肢 1 が正解です。

第
2
部
数
的
推
理

正解 ▶ 1

　　ある商品を 60 個仕入れ、原価の 3 割増しで定価をつけて販売したところ、初日に定価で 45 個売れたことから、追加で 20 個仕入れ、同じ定価をつけた。2 日目は一つも売れなかったため、3 日目に定価の 4 割引にして販売したところ、残りの全ての商品が売れ、最終的に 31,900 円の利益を得た。この商品 1 個当たりの原価はいくらか。

1　4,000 円
2　4,500 円
3　5,000 円
4　5,500 円
5　6,000 円

　　この商品 1 個当たりの原価を x 円とすると、定価は $1.3x$ 円と表せます。

　　仕入総数は $60 + 20 = 80$（個）で、定価で売れたのは 45 個ですから、4 割引で売れたのは、$80 - 45 = 35$（個）となります。

　　また、仕入総額は $80x$ 円ですから、売上総額－仕入総額＝利益について、次のような方程式が立ちます。

$$1.3x \times 45 + 1.3x \times 0.6 \times 35 - 80x = 31900$$

　両辺を 5 で割って
$$1.3x \times 9 + 1.3x \times 0.6 \times 7 - 16x = 6380$$
$$11.7x + 5.46x - 16x = 6380$$
$$1.16x = 6380$$
　両辺に 100 をかけて
$$116x = 638000$$
$$\therefore x = 5500$$

　　よって、1 個当たりの原価は 5,500 円となり、肢 4 が正解です。

正解 ▶ 4

自動車部品工場で、ある個数の部品の注文を受けた。注文を受けた翌日から納入日の前日まで毎日部品を製造し、納入日の朝一番に納入することにした。1日に45個ずつ製造すると納入日に30個不足するが、1日に48個ずつ製造すると納入日の前日には24個だけ製造すれば注文の個数に達する。このとき、注文された部品の個数はいくらか。

1　750個
2　792個
3　840個
4　888個
5　930個

　注文を受けた翌日から納品日の前日までの日数を x 日とします。

❗ここがPOINT
45 x 個に、あと30個必要なので、30を足すわけです。

　この x 日間で1日45個ずつ製造した場合、30個不足することから、部品の個数は 45x + 30（個）と表せます。

　また、1日48個ずつ製造した場合、最後の日は24個で済むということは、この日は 48 − 24 = 24（個）だけ少なく製造すればいいので、部品の個数は 48x − 24（個）と表せます。

　これより、部品の個数について、次のような方程式が立ちます。

$$45x + 30 = 48x - 24$$

$$-3x = -54$$

$$\therefore x = 18$$

$x = 18$ を $45x + 30$ に代入して　$45 \times 18 + 30 = 840$

　よって、部品の個数は840個となり、肢3が正解です。

正解 ▶ 3

ある国の老齢年金は、年金の受給開始時期について 60 歳又は 65 歳のいずれかを選ぶことができる。60 歳からの受給を選んだ場合には 60 歳になった月の翌月から 45,000 円を毎月受け取ることができ、65 歳からの受給を選んだ場合には 65 歳になった月の翌月から 65,000 円を受け取ることができる。65 歳からの受給を選んだ場合の年金の受給総額が、60 歳から受給した場合の年金の受給総額と等しくなるのは、65 歳になった月の翌月を 1 か月目として数えると何年何か月目か。

1　8 年 6 か月
2　9 年 3 か月
3　10 年 6 か月
4　10 年 9 か月
5　11 年 3 か月

　受給総額が等しくなるのが x か月目とすると、65 歳からの受給を選んだ人の受給総額は $65000x$ 円となります。
　また、60 歳からの受給を選んだ人は、65 歳からの人に比べて、12 か月 × 5 ＝ 60 か月多く受給していますので、受給総額は、$45000(60 + x)$ 円となり、ここで次のような方程式が立ちます。

$$65000x = 45000(60 + x)$$

両辺を 5000 で割って
$$13x = 9(60 + x)$$
$$13x = 540 + 9x$$
$$13x - 9x = 540$$
$$4x = 540$$
$$\therefore x = 135$$

　これより、135 か月目 ＝ 11 年 3 か月目となり、肢 5 が正解です。

正 解 ▶ 5

　ある人が電車で3日間旅行をした。それぞれの日程の移動距離について、次のア〜ウのことが分かっているとき、旅行の総移動距離はどれか。

ア　1日目は、総移動距離の $\dfrac{1}{2}$ より15km少なかった。

イ　2日目は、1日目に移動していない距離の $\dfrac{1}{3}$ より40km多かった。

ウ　3日目は、総移動距離の $\dfrac{1}{4}$ より7km少なかった。

1　264km　　2　276km　　3　288km　　4　300km　　5　312km

　総移動距離を x km とすると、条件より、1〜3日目に移動した距離は次のように表せます。

ア　1日目の移動距離　→　$\dfrac{1}{2}x - 15$（km）

イ　1日目に移動していない距離　→　$x - \left(\dfrac{1}{2}x - 15\right)$

$$= x - \dfrac{1}{2}x + 15$$

$$= \dfrac{1}{2}x + 15 \text{（km）}$$

　　2日目の移動距離　→　$\dfrac{1}{3}\left(\dfrac{1}{2}x + 15\right) + 40$

$$= \dfrac{1}{6}x + 5 + 40$$

$$= \dfrac{1}{6}x + 45 \text{（km）}$$

ウ　3日目の移動距離　→　$\dfrac{1}{4}x - 7$（km）

これより、総移動距離について、次のような方程式が立ちます。

$$\dfrac{1}{2}x - 15 + \dfrac{1}{6}x + 45 + \dfrac{1}{4}x - 7 = x$$

両辺に 12 をかけて

$6x - 180 + 2x + 540 + 3x - 84 = 12x$

$11x - 12x = -276$

$-x = -276$

$\therefore x = 276$

よって、総移動距離は 276km となり、肢 2 が正解です。

正 解 ▶ 2

ある試験における A 〜 E の 5 人の得点の合計は 340 点であり、最高点の A と最低点の D との間には 53 点の差があった。また、B, C, E の 3 人の平均点は 69 点であり、B の得点は D の得点の 2 倍より 5 点高く、D と E の得点の合計は C の得点より 20 点高かった。このとき、A 〜 E の得点に関する記述として正しいのはどれか。

1　A の得点は 93 点である。
2　B の得点は 81 点である。
3　C の得点は 72 点である。
4　D の得点は 32 点である。
5　E の得点は 54 点である。

　A 〜 E の得点を、そのまま A 〜 E として式に表します。
　まず、B, C, E の 3 人の平均点は 69 点ですから、3 人の得点の合計は 69 × 3 = 207（点）となり、5 人の得点の合計は 340 点ですから、残る A と D の合計は、340 − 207 = 133（点）となります。
　そうすると、A と D の差は 53 点ですから、ここから次のような方程式が立ちます。

$$A + D = 133 \quad \cdots ① \qquad A - D = 53 \quad \cdots ②$$

① + ②より

$$
\begin{array}{r}
A + D = 133 \\
+)\quad A - D = 53 \\
\hline
2A = 186 \quad \therefore A = 93
\end{array}
$$

A = 93 を①に代入して　93 + D = 133
　　　　　　　　　　　　　∴ D = 133 − 93 = 40

　ここで、A は 93 点、D は 40 点と分かり、条件より、B は D の 2 倍より 5 点高いので、B = 40 × 2 + 5 = 85（点）となります。
　さらに、D と E の合計は C より 20 点高く、また、B, C, E の合計は 207 点ですから、ここから次のような方程式が立ちます。

$$40 + E = C + 20 \quad \cdots ③ \qquad 85 + C + E = 207 \quad \cdots ④$$

③より $\quad E = C + 20 - 40$

$\qquad\qquad E = C - 20 \quad \cdots ③´$

③´を④に代入して $\quad 85 + C + C - 20 = 207$

$\qquad\qquad\qquad\qquad 2C = 207 - 65$

$\qquad\qquad\qquad\qquad 2C = 142$

$\qquad\qquad\qquad\qquad ∴ C = 71$

C = 71 を③´に代入して $\quad E = 71 - 20 = 51$

以上より、5人の得点は次のようになり、肢1が正解です。

A	B	C	D	E
93	85	71	40	51

正 解 ▶ 1

次の図は、重さの分からない○と△と□をてんびんで調べたものである。△
1個の重さは次のどれか。

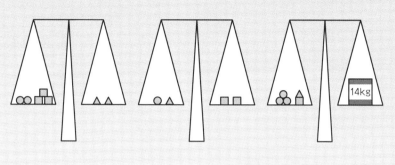

14kg

1　4kg　　　2　5kg　　　3　6kg　　　4　7kg　　　5　8kg

○, △, □それぞれ1個の重さを、$x$kg, $y$kg, $z$kg とすると、3つのて
んびんから次のような方程式が立ちます。

$$2x + 3z = 2y \quad \cdots ①$$
$$x + y = 2z \quad \cdots ②$$
$$3x + y + z = 14 \quad \cdots ③$$

②より　　$x = 2z - y \quad \cdots ②'$

②'を①に代入して　　$2(2z - y) + 3z = 2y$
$$4z - 2y + 3z = 2y$$
$$7z = 2y + 2y$$
$$7z = 4y \quad \cdots ④$$

②'を③に代入して　　$3(2z - y) + y + z = 14$
$$6z - 3y + y + z = 14$$
$$-2y + 7z = 14 \quad \cdots ⑤$$

④を⑤に代入して　　$-2y + 4y = 14$
$$2y = 14$$
$$\therefore y = 7$$

$y = 7$ を④に代入して　　$7z = 4 \times 7$

$$\therefore z = 4$$

$y = 7$, $z = 4$ を②´に代入して　　$x = 2 \times 4 - 7 = 1$

よって、〇＝ 1kg, △＝ 7kg, □＝ 4kg となり、肢 4 が正解です。

正解 ▶ 4

A，B，C の 3 人の年齢について以下のことが分かっているとき、B と C の年齢の差はいくつか。

ア　A は B より 24 歳年上である。
イ　A の年齢は B の年齢の 3 倍より大きいが、4 倍より小さい。
ウ　C の年齢をちょうど 5 倍すると A の年齢になる。

1　2 歳　　2　3 歳　　3　4 歳　　4　5 歳　　5　6 歳

A，B，C の年齢を、そのまま A，B，C とすると、条件ア，イより、次のようになります。

　　　ア　$A = B + 24$　…①　　　イ　$3B < A < 4B$　…②

これより、②に①を代入して、次のような不等式が立ちます。

　　3B　<　B + 24　<　4B

　　3B < B + 24　より　3B − B < 24
　　　　　　　　　　　　2B < 24
　　　　　　　　　　　　∴ B < 12　…③

　　B + 24 < 4B　より　B − 4B < − 24
　　　　　　　　　　　　− 3B < − 24
　　　　　　　　　　　　∴ B > 8　…④

　　③，④より　　8 < B < 12

❗ここがPOINT

P < Q < R の連立不等式は、P < Q、Q < R の 2 つに分けて解き、共通する範囲を求めます。

よって、B の年齢は、8 より大きく 12 より小さいので、9，10，11 のいずれかとなり、A は B より 24 歳年上ですから、2 人の年齢の組合せは、（A，B）＝（33，9）（34，10）（35，11）のいずれかとなります。

しかし、条件ウより、A の年齢は C のちょうど 5 倍なので、5 の倍数となり、A = 35，B = 11 に決まって、C = 35 ÷ 5 = 7 となります。

よって、B は 11 歳、C は 7 歳で、その差は 11 − 7 = 4（歳）で、肢 3 が正解です。

正解 ▶ 3

第 2 部　数的推理

　ある会社が、新入社員の歓迎会を企画し、円卓の数が一定である会場において、出席者を円卓の周りに座らせる方法について検討したところ、次のことが分かった。

ア　1脚の円卓に8席ずつ用意すると、席が42人分余る。
イ　1脚の円卓に6席ずつ用意すると、席が足りず、不足する席は33人分より多い。
ウ　半数の円卓にそれぞれ8席ずつ用意し、残った円卓にそれぞれ6席ずつ用意すると、席は余り、余る席は3人分より多い。

　以上から判断して、出席者の数として、正しいのはどれか。

1　262人
2　270人
3　278人
4　286人
5　294人

　円卓の数を x とすると、条件アより、8席ずつ用意したときの席の数は $8x$ ですが、これで42人分の席が余るということは、出席者は $8x$ 人より42人少ないわけで、$8x - 42$（人）と表せます。
　また、条件イより、6席ずつ用意したときの席の数は $6x$ ですが、これで33人分より多い席が不足するということは、出席者は $6x + 33$（人）より多いと分かり、次のような不等式が立ちます。

$$8x - 42 > 6x + 33$$

$$2x > 75$$
$$x > 37.5 \quad \cdots ①$$

　さらに、条件ウより、半数の円卓に8席ずつ、残る半数に6席ずつ用意したときの席の数は、$\dfrac{1}{2}x \times 8 + \dfrac{1}{2}x \times 6 = 4x + 3x = 7x$ ですが、これで3人分より多い席が余るということは、出席者は、$7x - 3$（人）より少な

いと分かり、次のような不等式が立ちます。

$$8x - 42 < 7x - 3$$

$$x < 39 \quad \cdots ②$$

①，②より、x は 37.5 より大きく 39 より少ない整数ですから、$x = 38$ に決まり、これを $8x - 42$ に代入して、出席者の数は、$8 \times 38 - 42 = 262$（人）となります。

よって、肢 1 が正解です。

正 解 ▶ 1

第 2 部 数的推理

1 から 2000 までの整数のうち、4 の倍数であり 3 の倍数でないものはいくつあるか。

1　334　　　　2　367　　　　3　401　　　　4　434　　　　5　467

1 から 2000 までの整数で、4 の倍数の個数は、2000 ÷ 4 = 500 となります。

そのうち、3 の倍数でもある数は、<u>3 と 4 の公倍数、すなわち、12 の倍数</u>で、その個数は、2000 ÷ 12 ≒ 166.7 より 166 となります。

そうすると、4 の倍数のうち、3 の倍数でない数の個数は、500 − 166 = 334 となり、肢 1 が正解です。

！ここがPOINT

公倍数は、最小公倍数の倍数です。
3 と 4 の最小公倍数は 12 ですから、3 と 4 の公倍数は、12 の倍数となるわけです。

正解 ▶ 1

❖ 最大公約数と最小公倍数の求め方

それぞれの数を素因数分解し、以下の数を取り出す
　最大公約数 → 共通する素因数に最小の指数を付けた数
　最小公倍数 → 全ての素因数に最大の指数を付けた数

例）180，252，600 の最大公約数と最小公倍数を求める

$$180 = 2^2 \times 3^2 \times 5$$
$$252 = 2^2 \times 3^2 \qquad \times 7$$
$$600 = 2^3 \times 3 \ \times 5^2$$

最大公約数 $= 2^2 \times 3 = 12$
最小公倍数 $= 2^3 \times 3^2 \times 5^2 \times 7 = 12600$

最大公約数は全てに共通する最大の数を、最小公倍数は、全てを含む最小の数を取り出すということです。

あるターミナルでは、A 行きのバス、B 行きのバス、C 行きのバスのみが発車している。ある日の 8 時に、A 行き、B 行き、C 行きのバスが同時に出発し、その後、A 行きのバスは 20 分ごとに、B 行きのバスは 30 分ごとに、C 行きのバスは 50 分ごとにそれぞれ出発した。この日の 8 時から 18 時の間に、2 台のバスのみが同時に出発したのは何回か。

1　6 回　　　2　8 回　　　3　10 回　　　4　12 回　　　5　14 回

　8 時から 18 時までは 10 時間 = 600 分ありますので、この間で 2 台のバスが同時に出発した回数を数えます。
　A，B，C 行きのバスはそれぞれ 20 分，30 分，50 分ごとに出発し、20 と 30 の最小公倍数は 60、20 と 50 の最小公倍数は 100、30 と 50 の最小公倍数は 150 ですから、それぞれの本数は次のようになります。

　　A 行きと B 行きが同時に出発した回数　→　600 ÷ 60 = 10（回）　…①
　　A 行きと C 行きが同時に出発した回数　→　600 ÷ 100 = 6（回）　…②
　　B 行きと C 行きが同時に出発した回数　→　600 ÷ 150 = 4（回）　…③

　また、20 と 30 と 50 の最小公倍数は 300 ですから、3 台が同時に出発したことが、600 ÷ 300 = 2（回）あり、これは①，②，③のいずれにも含まれていますので、2 台のみが出発した回数は次のようになります。

　　A と B　→　8 回　　　A と C　→　4 回　　　B と C　→　2 回

　よって、その合計は、8 + 4 + 2 = 14（回）となり、肢 5 が正解です。

正解 ▶ 5

第 2 部　数的推理

209

A，B は、正の整数で、$\dfrac{A}{B \times B} = \dfrac{1}{84}$ が成り立つ。このとき、B の最小値はいくらか。

1　18　　　2　27　　　3　36　　　4　42　　　5　49

A，B は、正の整数ですから、$\dfrac{A}{B \times B}$ の分母である「B × B」は、整数を 2 乗した数（平方数）となります。

しかし、「84」は平方数ではありませんから、$\dfrac{1}{84}$ は約分した数と考えられます。

これより、84 を素因数分解すると、$84 = 2^2 \times 3 \times 7$ となり、これに整数をかけてできる最小の平方数は、3 × 7 をかけて、$2^2 \times 3^2 \times 7^2 = (2 \times 3 \times 7)^2 = 42^2$ となります。

よって、式を満たす B の最小値は 42 で、このとき、3 × 7 = 21 で約分されたことになり、次のような式となります。

$$\frac{A}{B \times B} = \frac{21}{42 \times 42} = \frac{1}{84}$$

これより、肢 4 が正解です。

次のように、小さい素数で順に割っていきます。

```
2 ) 84
2 ) 42
3 ) 21
      7
```

正解 ▶ 4

No.
108 整数

▶ 刑務官（社会人）　▶ 2013

　A，B，C はそれぞれ異なる一桁の正の整数である。次の式が成り立つとき、A，B，C の和はいくらか。

$$A + B - 2 = (B - 4) \times A = A + A = C$$

1　16　　　2　17　　　3　18　　　4　19　　　5　20

　等式の各辺を、次のように、P ～ S とします。

$$\underset{(P)}{A + B - 2} = \underset{(Q)}{(B - 4) \times A} = \underset{(R)}{A + A} = \underset{(S)}{C}$$

　まず、R について、A + A = 2A として、次のようになります。

　　Q = R より　(B − 4) × A = 2A

　　A ≠ 0 より、両辺を A で割って　B − 4 = 2
　　　　　　　　　　　　　　　　　　∴ B = 2 + 4 = 6

　　P = R に、B = 6 を代入して　　A + 6 − 2 = 2A
　　　　　　　　　　　　　　　　　　A − 2A = − 4
　　　　　　　　　　　　　　　　　　− A = − 4
　　　　　　　　　　　　　　　　　　∴ A = 4

　　R = S に、A = 4 を代入して　　4 × 2 = C
　　　　　　　　　　　　　　　　　　∴ C = 8

> 等式の両辺を、同じ数字で割れるように、A で割ることもできます。
> ただし、A = 0 のときは NG です。

　これより、A，B，C の和は、4 + 6 + 8 = 18 となり、肢 3 が正解です。

第2部　数的推理

　正 解 ▶ 3

18 を連続する正の整数の和で表すと、次の 2 通りの表し方ができる。

$$18 = 5 + 6 + 7$$
$$18 = 3 + 4 + 5 + 6$$

この 2 通りの式のそれぞれの最小の項を合計すると、5 + 3 = 8 となる。
同様に、50 を連続する正の整数の和で表すと 2 通りの表し方ができるが、その 2 通りのそれぞれの最小の項を合計した数として正しいのはどれか。

1　18　　　　2　19　　　　3　20　　　　4　21　　　　5　22

連続する正の整数の最小の項を x とすると、2 番目は $x + 1$、3 番目は $x + 2$、…と表せます。

これより、50 を連続するいくつの項の和で表すかで、次のように方程式を立てて確認します。

①連続する 2 項　→　$x + (x + 1) = 50$
　　　　　　　　　　　$2x + 1 = 50$
　　　　　　　　　　　$2x = 49$　　$\therefore x = 24.5$

②連続する 3 項　→　$x + (x + 1) + (x + 2) = 50$
　　　　　　　　　　　$3x + 3 = 50$
　　　　　　　　　　　$3x = 47$　　$\therefore x = 15.66\cdots$

③連続する 4 項　→　$x + (x + 1) + (x + 2) + (x + 3) = 50$
　　　　　　　　　　　$4x + 6 = 50$
　　　　　　　　　　　$4x = 44$　　$\therefore x = 11$

④連続する 5 項　→　$x + (x + 1) + (x + 2) + (x + 3) + (x + 4) = 50$
　　　　　　　　　　　$5x + 10 = 50$
　　　　　　　　　　　$5x = 40$　　$\therefore x = 8$

①，②の場合は、最小の項が整数になりませんが、③，④については、次の

ように成立します。

③　11 + 12 + 13 + 14 = 50
④　8 + 9 + 10 + 11 + 12 = 50

　ここで、2 通りが見つかりましたので、求める最小の項の和は、11 + 8 = 19 で、肢 2 が正解です。

正 解 ▶ 2

4つの異なる整数 $a \sim d$ について、次のことが分かっているとき、b と d の差はいくらか。

ア　a は b より3大きい。
イ　c は d より7大きい。
ウ　最大の数と最小の数の差は8である。
エ　a と d の平均は b より小さい。

1　1　　　2　2　　　3　3　　　4　4　　　5　5

　条件ア，イより、a と c は最小の数ではなく、b と d は最大の数ではありませんので、最大は a, c のいずれか、最小は b, d のいずれかです。

　しかし、最小が b の場合、a と d の平均は、当然 b より大きくなりますから、条件エを満たしませんので、最小は d に決まり、条件イ，ウより、最大は a となります。

　これより、条件ア～ウを満たすように、数直線に表すと図のようになり、a と d の平均（ちょうど真ん中）が b より小さくなることも確認でき、条件エも満たします。

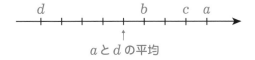

上の図より、b と d の差を確認すると5と分かり、肢5が正解です。

正解 ▶ 5

あるサークルの 128 人の会員から 3 人の役員を選ぶため、1 人 1 票の記名投票を行った。次の表は、6 人の候補者 A，B，C，D，E，F の得票の中間結果である。D はあと何票とれば当選が確実となるか。

候補者	A	B	C	D	E	F	合計
得票数	32	27	22	20	7	6	114

1　6 票
2　7 票
3　8 票
4　9 票
5　10 票

残る票数は、128 − 114 = 14（票）ですから、このうち、選択肢の票数を D が取ったとして、当選が確実になるかを検討します。

肢1　D が 6 票を取ると、26 票になりますが、たとえば、残る 8 票が全て C に入ると、C は 30 票になり、A，B，C の 3 人が当選となります。
　　　よって、6 票では当選が確実になるとはいえません。

肢2　D が 7 票取ると、27 票になりますが、残る 7 票のうち、1 票が B に、6 票が C に入ると、B，C とも 28 票になり、やはり、A，B，C の 3 人が当選となります。
　　　よって、7 票でも当選が確実になるとはいえません。

肢3　D が 8 票取ると、28 票になり、残る 6 票が B，C のいずれに入っても、B，C が共に 28 票以上になることはなく、D の当選が確実になります。

よって、肢 3 が正解です。

正解 ▶ 3

▶ 社会人基礎試験　▶ 2017

A〜Dは1〜9のいずれか異なる数で、A＜B＜C＜Dである。次の式が成り立つとき、Dはいくらか。

ただし、〇, △, □には、＋, －, ×のいずれか異なる記号が入る。

C〇A = 10
D△A = C
D□A = C□B

1　5　　　2　6　　　3　7　　　4　8

まず、2番目の式について、△が「＋」または「×」の場合、「D＋A＝C」または「D×A＝C」となりますが、Aは正の整数ですから、「D＋A」「D×A」はいずれもDより大きくなりますので、C＞Dとなり、条件に反します。

よって、△は「－」に決まり、2番目の式は次のようになります。

D － A = C
∴ D = C + A　…①

そうすると、〇と□は「＋」「×」のいずれかですが、〇が「＋」の場合、1番目の式は「C＋A＝10」となり、これを①に代入すると、D＝10となり、条件に反します。

よって、〇は「×」に決まり、1番目の式は「C×A＝10」となります。1〜9の整数で積が10になるのは、2×5＝10のみですから、A＜Cより、A＝2, C＝5と分かり、①に代入して、D＝5＋2＝7となります。

これより、3番目の式について、□は「＋」ですから、次のようになります。

D + A = C + B

A＝2, C＝5, D＝7を代入して　　7＋2＝5＋B
∴ B = 4

求めるDは7ですから、肢3が正解です。

正解 ▶ 3

　ある博物館の入場料は、大人が700円、小学生は300円である。ある日、大人と小学生の団体が入場したところ、入場料の合計は5000円であった。大人の人数より小学生の人数のほうが多かったとすると、大人と小学生の人数の差は何人か。

1　3人　　　2　5人　　　3　8人　　　4　10人

　大人を x 人、小学生を y 人とすると、入場料の合計について、次のような方程式が立ちます。

$$700x + 300y = 5000$$

両辺を100で割って　　$7x + 3y = 50$

さらに、これを変形すると、次のようになります。

$$7x = 50 - 3y$$
$$\therefore x = \frac{50 - 3y}{7}$$

　x, y は、整数ですから、上の式の右辺は約分されて整数になるので、「$50 - 3y$」は7の倍数になります。また、「$3y$」は3の倍数ですから、50から3の倍数を引いて、7の倍数になる数を探すと、整数 x, y は、次の2通りとなります。

> 50より小さい7の倍数は、7, 14, 21, 28, 35, 42, 49の7つなので、このうち、50との差が3の倍数になる数を探せばOK！

$$y = 5 \text{ のとき } \quad x = \frac{50 - 3 \times 5}{7} = \frac{35}{7} = 5 \quad \cdots ①$$

$$y = 12 \text{ のとき } \quad x = \frac{50 - 3 \times 12}{7} = \frac{14}{7} = 2 \quad \cdots ②$$

　条件より、$x < y$ ですから、②に決まって、大人2人、小学生12人となり、その差は10人で、肢4が正解です。

【別解】

5000 ÷ 700 ≒ 7.1 より、大人の人数は、最大で 7 人ですから、ここから条件を満たす組合せを探すと、次のようになります。

大人の人数	大人の入場料の合計	小学生の入場料の合計	小学生の人数
7	700 × 7 = 4900（円）	5000 − 4900 = 100（円）	整数にならない
6	700 × 6 = 4200（円）	5000 − 4200 = 800（円）	整数にならない
5	700 × 5 = 3500（円）	5000 − 3500 = 1500（円）	1500 ÷ 300 = 5（人）
4	700 × 4 = 2800（円）	5000 − 2800 = 2200（円）	整数にならない
3	700 × 3 = 2100（円）	5000 − 2100 = 2900（円）	整数にならない
2	700 × 2 = 1400（円）	5000 − 1400 = 3600（円）	3600 ÷ 300 = 12（人）
1	700 × 1 = 700（円）	5000 − 700 = 4300（円）	整数にならない

これより、（大人，小学生）＝（5，5）（2，12）の 2 通りが分かり、条件より、大人 2 人、小学生 12 人で、その差は 10 人となります。

正 解 ▶ 4

90 個〜 100 個の数の飴がある。この飴を 6 人に同じ数ずつ分けると 2 個余る。また、8 人に同じ数ずつ分けても 2 個余る。この飴を 5 人に同じ数ずつ分けると何個余るか。

1　1 個　　　2　2 個　　　3　3 個　　　4　4 個

飴の数は、6 で割っても、8 で割っても、2 余る数ですから、6 でも 8 でも割り切れる数（6 と 8 の公倍数）より 2 だけ大きい数となります。

6 と 8 の最小公倍数は、6 = 2 × 3、8 = 2^3 より、2^3 × 3 = 24 ですから、6 と 8 の公倍数は 24 の倍数となります。

これより、飴の数は、24 の倍数より 2 だけ大きい数と分かり、90 〜 100 では、24 × 4 + 2 = 98（個）となります。

そうすると、これを 5 人に分けると、98 = 5 × 19 + 3 より、3 個余ることになり、肢 3 が正解です。

正 解 ▶ 3

第 2 部　数的推理

ある枚数のビスケットが入った袋がある。ビスケットを毎日5枚ずつ食べると最後の日は1枚残り、毎日8枚ずつ食べると最後の日は4枚残る。今、ビスケットの枚数は考えられる最少の枚数であるとき、毎日7枚ずつ食べることのできる最大の日数はどれか。

1　4日　　　2　5日　　　3　6日　　　4　7日　　　5　8日

ビスケットの枚数は、5で割ると1余る数ですから、4を加えると5で割り切れます。

ここがPOINT
あと4枚あれば、最後の日も5枚を食べることができます。「1余る」=「4足りない」と考えられます。

また、8で割ると4余る数でもあり、同様に、4を加えると8で割り切れます。

したがって、この数は、4を加えると、5でも8でも割り切れる数（5と8の公倍数）になるので、5と8の公倍数より4だけ少ない数となります。

5と8の最小公倍数は、5×8＝40ですから、この数は、40の倍数より4だけ小さい数となり、最小では、40－4＝36と分かります。

よって、ビスケットの枚数は36枚で、36＝7×5＋1より、毎日7枚ずつ食べることのできる最大の日数は5日となり、肢2が正解です。

正解 ▶ 2

　ある人が自宅を午後2時15分に出て友人宅へ向かい、友人宅で2時間40分遊んでから往路と同じ道を通って午後6時19分に自宅に戻った。行きの速さが分速60m、帰りの速さが分速80mであるとき、自宅と友人宅の距離として正しいものはどれか。

1　2160 m
2　2400 m
3　2640 m
4　2880 m
5　3120 m

　自宅を出てから戻るまでの時間は、2:15 → 6:19 で、4時間4分となります。
　このうち、友人宅で遊んだ時間を除くと、4時間4分 − 2時間40分 = 1時間24分 = 84分となり、これが往復にかかった時間となります。
　これより、自宅と友人宅の距離をLmとすると、往復にかかった時間について、次のような方程式が立ちます。

速さの単位は「分速○m」なので、時間は「分」、距離は「m」に揃えましょう。

$$\frac{L}{60} + \frac{L}{80} = 84$$

両辺に240をかけて　$4L + 3L = 84 \times 240$
　　　　　　　　　　$7L = 84 \times 240$
両辺を7で割って　　$L = 12 \times 240 = 2880$

　よって、求める距離は、2880mと分かり、肢4が正解です。

正解 ▶ 4

第2部　数的推理

　AとBが1200 m競争をする。Aの速さはBの3倍で、ゴールまでにかかった時間の差は8分であった。このとき、Bの速さは毎分何mか。

1　毎分 80 m
2　毎分 100 m
3　毎分 120 m
4　毎分 160 m

　Bの速さを毎分 x mとすると、条件より、Aの速さは毎分 $3x$ mと表せます。
　1200 mにかかった時間は、Bのほうが8分多いので、ここで、次のような方程式が立ちます。

> Aのほうが速いので、かかる時間は少ないですね。

$$\frac{1200}{x} - \frac{1200}{3x} = 8$$

両辺に $3x$ をかけて　$3600 - 1200 = 24x$
$$24x = 2400$$
$$\therefore x = 100$$

　よって、Bの速さは毎分 100 mとなり、肢2が正解です。

正解 ▶ 2

　Aは毎日7時30分に家を出て学校へ通っている。ある日、家を出るのがいつもより15分遅くなったので、学校までの道のりの半分を、いつもの3倍の速さで走り、その後はいつも通りの速さで歩いたところ、いつもと同じ時刻に学校に着いた。Aが学校に着いた時刻は何時何分か。

1　8時10分
2　8時15分
3　8時20分
4　8時25分
5　8時30分

　学校までの道のりの半分について、いつもの3倍の速さで走ると、かかる時間は $\frac{1}{3}$ で済みます。

> **❗ここがPOINT**
> 「距離＝速さ×時間」ですから、距離が一定であれば、速さと時間は反比例します。

　これにより、15分の遅れを取り戻すことができたわけですから、いつもかかる時間を t 分とすると、この日は $t - 15$（分）で走ったことになり、この時間の比について、次のような方程式が立ちます。

$$t : (t - 15) = 3 : 1$$

外項の積＝内項の積より
$$t = 3(t - 15)$$
$$t = 3t - 45$$
$$t - 3t = -45$$
$$-2t = -45$$
$$\therefore\ t = 22.5$$

　これより、いつもは、半分の道のりに22.5分かかっていますので、全ての道のりには、22.5 × 2 = 45（分）かかることになり、7時30分 + 45分 = 8時15分に学校に着くと分かります。
　よって、肢2が正解です。

正解 ▶ 2

　自転車 A は、線路に平行する道路を午前 10 時に X 駅から Y 駅に向かって出発した。列車 B は、午前 10 時 30 分に Y 駅を出発し、途中、自転車 A とすれ違ってから 1 時間後に X 駅に到着した。自転車 A は、列車 B とすれ違ってから 1 時間 30 分後に Y 駅に着いたとすると、自転車 A と列車 B がすれ違った時刻はどれか。ただし、自転車 A と列車 B の速度は、どちらも一定とする。

1　午前 11 時
2　午前 11 時 15 分
3　午前 11 時 30 分
4　午前 11 時 45 分
5　正午

　A が出発して B とすれ違うまでの時間を t 分、A と B がすれ違った地点を P とすると、A は XP 間に t 分かかったことになります。
　一方、B は、A より 30 分遅れて出発したわけですから、すれ違うまでにかかった時間は、A より 30 分少ないので、YP 間に $t - 30$（分）かかったことになります（図 1）。

図 1

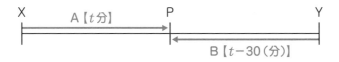

　さらに、A と B がすれ違った後、B は PX 間に 1 時間＝ 60 分、A は PY 間に 1 時間 30 分＝ 90 分かかったことになります（図 2）。

図 2

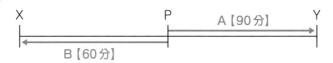

これより、XP 間と YP 間の距離の比を考えると、一定の速さで走る A が、それぞれの距離にかかった時間の比より、XP：YP ＝ t：90 と表せ、同様に、B がかかった時間より、XP：YP ＝ 60：(t － 30) とも表せますので、ここで、次のような方程式が立ちます。

速さが一定であれば、2倍の時間をかければ2倍の距離を進むように、時間と距離は比例します。
ですから、かかった時間の比が、距離の比になるわけです。

$$t：90 ＝ 60：(t － 30)$$

　外項の積＝内項の積より
$$t(t － 30) ＝ 90 \times 60$$
$$t^2 － 30t ＝ 5400$$
$$t^2 － 30t － 5400 ＝ 0$$
　左辺を因数分解して
$$(t ＋ 60)(t － 90) ＝ 0$$
$$t ＞ 0 より、t ＝ 90$$

因数分解の公式は、下記参照。

　これより、A が 10 時に出発して 90 分後、すなわち、10 時＋ 1 時間 30 分＝ 11 時 30 分に、B とすれ違ったと分かり、肢 3 が正解です。

正解 ▶ 3

❖ 展開と因数分解の公式

$$(x ＋ a)(x ＋ b) ＝ x^2 ＋ (a ＋ b)x ＋ ab$$
$$(x ± y)^2 ＝ x^2 ± 2xy ＋ y^2$$
$$(x ＋ y)(x － y) ＝ x^2 － y^2$$

AとBの2人が、1周400mの陸上競技場のトラックを10周した。AとBは同じスタートラインから同時に出発し、Bは一定の速さで最後まで走った。一方、Aは、出発してからトラックをちょうど9周するまでの間はBの $\frac{3}{2}$ の速さで走り、その後はBの $\frac{1}{2}$ の速さで歩いたが、Bよりも6分早くゴールした。このとき、Aが走っていたときの速さはいくらか。

1   100 m／分
2   150 m／分
3   200 m／分
4   250 m／分
5   300 m／分

Aは、9周するまでは、Bの $\frac{3}{2}$ の速さで走っていますので、このときの、AとBの速さの比は3：2となり、BはAの $\frac{2}{3}$ の速さで走っていたことになります。

そうすると、同じ時間で走る距離も、BはAの $\frac{2}{3}$ ですから、Aが9周する間に、Bは、$9 \times \frac{2}{3} = 6$（周）したと分かります。

この時点で、Aは残り1周、Bは残り4周ですが、Aはここからβの $\frac{1}{2}$ の速さで歩きますので、同じ時間で歩く距離もBの $\frac{1}{2}$ となり、Aが1周する間に、Bは2周したことになります。

これより、Aがゴールした時点で、Bは残り2周で、ここに6分かかったことになりますので、Bは1周に3分かかると分かります。

そうすると、同じ1周を走るのにかかる時間は、

AはBの $\frac{2}{3}$ ですから、Aは1周を3分 × $\frac{2}{3}$ ＝2分で走ったことになり、1周400mですから、その速さは、400 ÷ 2 ＝ 200（m／分）と分かります。

> 速さと時間は反比例しますので、速さが $\frac{3}{2}$ 倍なら、時間は $\frac{2}{3}$ 倍になります。

よって、肢3が正解です。

正解 ▶ 3

　直線道路を、A は分速 200m、B は分速 160 m で走っている。いま、B は A の前方 680 m の地点を走っているとすると、この時点から A が B に追い着くのは何分後か。

1　15 分後
2　16 分後
3　17 分後
4　18 分後

　B が A の 680 m 前方を走っている時点から 1 分後の 2 人の位置を確認すると、図のように、A は 200 m、B は 160 m 進んでいますので、A と B の間の距離は、200 − 160 = 40（m）だけ縮まっています。

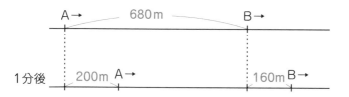

　そうすると、この後も、1 分間につき 40 m ずつ距離は縮まりますので、A が B に追いつく、つまり、2 人の間の距離が 0 になるのは、680 m だった時点から、680 ÷ 40 = 17（分後）となります。
　よって、肢 3 が正解です。

正解 ▶ 3

補足

旅人算（追いかけ算）の公式
　2 人の間の距離 = 追い着くまでの時間 × 2 人の速さの差
より、680 = 追い着くまでの時間 ×（200 − 160）
　　　追い着くまでの時間 = 680 ÷（200 − 160）
で求めても OK です。
ちなみに旅人算（出会い算）の公式は次の通りです。
　2 人の間の距離 = 出会うまでの時間 × 2 人の速さの和

▶ 東京都キャリア活用　▶ 2017

　時速 108km で上り線を走行している長さ 290 m の特急列車と時速 90km で下り線を走行している長さ 480 m の貨物列車が、平行に並ぶ真っすぐな線路ですれ違った。特急列車と貨物列車がすれ違い始めてからすれ違い終わるまでに要した時間として、正しいのはどれか。

1　5秒　　　2　6秒　　　3　11秒　　　4　14秒　　　5　16秒

特急列車と貨物列車の速さを、それぞれ秒速に直すと、次のようになります。

特急列車　時速108km
　　　　　= 時速108000 m
　　　　　= 分速1800 m
　　　　　= 秒速30 m

> 時速 → 分速 → 秒速は、
> いずれも60で割ります。

貨物列車　時速90km
　　　　　= 時速90000 m
　　　　　= 分速1500 m
　　　　　= 秒速25 m

　これより、2台の列車が、すれ違い始めてからすれ違い終わるまでに要した時間を t 秒とすると、この間に特急列車が進んだ距離は 30 t m、貨物列車が進んだ距離は 25 t m となります。
　ここで、2台の列車の、すれ違い始め（先頭が出会った瞬間）と、すれ違い終わり（最後尾が離れる瞬間）を図に表すと、次ページのようになり、この間にそれぞれが進んだ距離である、先頭の移動距離（図の矢印）を見ると、その和は、2台の列車の長さの和である、290 + 480 = 770（m）と等しいことが分かります。

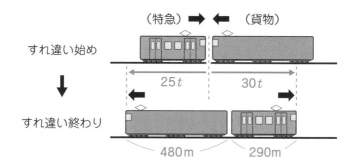

これより、次のような方程式が立ちます。

$$30t + 25t = 770$$

$$55t = 770$$
$$\therefore t = 14$$

よって、要した時間は 14 秒となり、肢 4 が正解です。

正解 ▶ 4

補足

通過算（すれ違い算）の公式
　2 台の長さの和 ＝ すれ違いに要した時間 × 2 台の速さの和
より、290 ＋ 480 ＝ すれ違いに要した時間 ×（30 ＋ 25）
　　　すれ違いに要した時間 ＝（290 ＋ 480）÷（30 ＋ 25）
で求めても OK です。
ちなみに、通過算（追い越し算）の公式は次の通りです。
　2 台の長さの和 ＝ 追い越すのに要した時間 × 2 台の速さの差

　ある一定の速さで流れる川において、上流から下流に向かって進む船Aと下流から上流に向かって進む船Bの2隻がすれ違った。Aの長さは10m、Bの長さは20mで、静水時において、Aの速さはBの速さの2倍、Bの速さは川の流れの速さの2倍である。AとBがすれ違い始めてからすれ違い終わるまでに、Bが進んだ距離として最も妥当なのはどれか。

1　3m　　　2　5m　　　3　7m　　　4　10m　　　5　12m

　AとBがすれ違い始めてからすれ違い終わるまでに、2隻が進んだ距離の和は、2隻の長さの和で、10 + 20 = 30（m）となります。

> 列車のすれ違いと同じです。

　川には流れがありますので、上流から下流へ下るときは、船の静水時の速さより、流速（川の流れの速さ）の分だけ速さが大きくなりますが、逆に、上るときは、流速の分だけ速さが小さくなります。

> たとえば、静水時の速さが分速100mである船が、流速が分速20mである川を下る場合、1分間に船自身で100m進み、川の流れでさらに20m流されますので、実際には分速120mで進むことができます。しかし、上るときは逆向きに流されますので、分速80mで進むことになります。

　そうすると、流速に対して、Bの静水時の速さはその2倍、Aの静水時の速さはさらにその2倍ですから、流速：Bの静水時：Aの静水時＝1：2：4となり、Aの下りの速さ：Bの上りの速さ＝（4 + 1）：（2 - 1）＝5：1と分かります。

　これより、同じ時間で進む距離は、速さに比例しますので、2隻がすれ違う間に、AとBが進んだ距離の比も5：1となり、合計30mを5：1に分けて、Aは25m、Bは5m進んだと分かります。

　よって、肢2が正解です。

正解 ▶ 2

No. 124 流水算

川上のP町と川下のQ町とを往復する定期船A，Bがある。今、定期船A がP町からQ町へと下るのに1時間30分、Q町からP町へ上るのに3時間 かかり、定期船BがQ町からP町へ上るのに1時間かかるとき、定期船Bが P町からQ町へ下るのにかかる時間はどれか。ただし、川の流れの速さ、静水 面における定期船A，Bの速さは、いずれも一定とする。

1　15分　　　2　20分　　　3　30分　　　4　40分　　　5　45分

AとBの速さをそれぞれ、分速 a m、分速 b m、流速を分速 v mとします。

まず、AがPQ間を下る時間と上る時間の比は、1時 間30分：3時間＝1：2ですから、<u>Aの下りと上りの 速さの比は、2：1</u>となります。

距離が同じですか ら、時間と速さは反 比例しますので、逆 比になるわけです。

これより、次のような方程式が立ちます。

$$(a + v):(a - v) = 2:1$$

下りと上りの速さ は、No.123で確認 した通り。

外項の積＝内項の積より
$$a + v = 2(a - v)$$
$$a + v = 2a - 2v$$
$$a - 2a = -2v - v$$
$$-a = -3v$$
$$\therefore a = 3v$$

また、AがPQ間を上る時間と、BがPQ間を上る時間の比は、3時間： 1時間＝3：1ですから、AとBの上りの速さの比は、1：3となり、同様に、 次のような方程式が立ちます。

$$(a - v):(b - v) = 1:3$$

外項の積＝内項の積より
$$3(a - v) = b - v$$
$a = 3v$ を代入して
$$3(3v - v) = b - v$$
$$3 \times 2v = b - v$$

$$6v = b - v$$
$$6v + v - b$$
$$\therefore b = 7v$$

これより、B の下りと上りの速さの比は、$(7v + v) : (7v - v) = 8v : 6v$ $= 4 : 3$ となり、下りにかかる時間：上りにかかる時間 $= 3 : 4$ と分かります。

よって、B が PQ 間を下るのにかかる時間は、1 時間 $\times \dfrac{3}{4} = 45$ 分となり、肢 5 が正解です。

正 解 ▶ 5

補 足

流水算の公式
　　下りの速さ ＝ 静水時の速さ ＋ 流速
　　上りの速さ ＝ 静水時の速さ － 流速

1 皿 1,800 円と 1 皿 1,200 円の 2 種類のオードブルを扱っている仕出し店があり、この仕出し店では、注文の合計金額が 7,000 円以上のときに限り、宅配料金が無料になる。この仕出し店に対して、宅配料金を無料にしつつ、2 種類のオードブルをそれぞれ 1 皿以上注文し、かつ、注文の合計料金が 10,000 円以下となるようにするとき、注文の仕方は全部で何通りか。

1　7 通り　　　2　8 通り　　　3　9 通り　　　4　10 通り　　　5　11 通り

　合計料金が 7,000 円以上 10,000 円以下となるような注文の仕方を、1,800 円のオードブルを基準に数えます。
　まず、1,800 円のオードブルを 1 皿注文した場合、あと、7,000 − 1,800 = 5,200（円）以上必要なので、5,200 ÷ 1,200 ≒ 4.3 より、1,200 円のオードブルを 5 皿以上注文することになり、10,000 円以下の注文の仕方は、次の 2 通りになります。

```
1,800 円        1,200 円
   1 ――――――― 5   →  1,800 + 1,200 × 5 = 7,800（円）
                6   →  1,800 + 1,200 × 6 = 9,000（円）
```

　以下、同様に、1,800 円のオードブルが 2 皿以上の場合を数えると、次の 7 通りとなります。

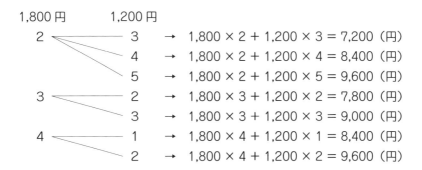

```
1,800 円        1,200 円
   2 ――――――― 3   →  1,800 × 2 + 1,200 × 3 = 7,200（円）
                4   →  1,800 × 2 + 1,200 × 4 = 8,400（円）
                5   →  1,800 × 2 + 1,200 × 5 = 9,600（円）
   3 ――――――― 2   →  1,800 × 3 + 1,200 × 2 = 7,800（円）
                3   →  1,800 × 3 + 1,200 × 3 = 9,000（円）
   4 ――――――― 1   →  1,800 × 4 + 1,200 × 1 = 8,400（円）
                2   →  1,800 × 4 + 1,200 × 2 = 9,600（円）
```

第 2 部　数的推理

233

1,800 円のオードブルを 5 皿注文すると、1,800 ×
5 = 9,000（円）で、1,200 円のオードブルを 1 皿注
文しても 10,000 円を超えてしまいます。

　よって、条件を満たす注文の仕方は、2 + 7 = 9（通
り）で、肢 3 が正解です。

どちらも 1 皿以上
注文するという条件
を忘れないように！

正解 ▶ 3

　ある部署の社員数は 20 人で、年齢別の内訳は 50 代が 3 人、40 代が 6 人、30 代が 6 人、20 代が 5 人となっている。この部署で年末に旅行会を行うこととし、企画委員を 50 代から 1 人、40 代から 1 人、30 代から 2 人、20 代から 2 人選ぶことにした。このとき、委員として選ばれる社員の組合せは何通りあるか。

1　540 通り
2　1,080 通り
3　2,700 通り
4　4,050 通り
5　5,400 通り

　まず、50 代は 3 人ですから、ここから 1 人を選ぶ方法は 3 通り、40 代は 6 人ですから、ここから 1 人を選ぶ方法は 6 通りです。

　また、30 代は 6 人で、ここから 2 人を選ぶ方法は、

$_6C_2 = \dfrac{6 \times 5}{2 \times 1} = 15$（通り）、20 代は 5 人で、ここから 2 人を選ぶ方法は、$_5C_2 = \dfrac{5 \times 4}{2 \times 1} = 10$（通り）となります。

> 公式と計算方法は、次ページ参照。

　これより、選ばれる社員の組合せは、$3 \times 6 \times 15 \times 10 = 2,700$（通り）で、肢 3 が正解です。

> 50 代を選び、さらに、40 代を選び…という計算は、積の法則（次ページ参照）より、かけ算して求めます。

正 解 ▶ 3

❖ 場合の数の公式と定理

公式① 階乗の計算

異なる n 個を並べる方法
→ $n! = n \times (n-1) \times (n-2) \cdots \times 1$（通り）

例）異なる 6 個を並べる方法
→ $6! = 6 \times 5 \times 4 \times 3 \times 2 \times 1 = 720$（通り）

公式② 順列の計算

異なる n 個から r 個を並べる方法
→ $n\mathrm{P}r = \underbrace{n \times (n-1) \times (n-2) \cdots}_{r\,個}$（通り）

例）異なる 6 個から 3 個を並べる方法
→ $_6\mathrm{P}_3 = 6 \times 5 \times 4 = 120$（通り）

公式③ 組合せの計算

異なる n 個から r 個を選ぶ方法
→ $n\mathrm{C}r = \dfrac{n\mathrm{P}r}{r!}$（通り）

例）異なる 6 個から 3 個を選ぶ方法
→ $_6\mathrm{C}_3 = \dfrac{_6\mathrm{P}_3}{3!} = \dfrac{6 \times 5 \times 4}{3 \times 2 \times 1} = 20$（通り）

定理① 積の法則

A が起こる方法が a 通り、B が起こる方法が b 通りあるとき
A が起こり、かつ、B が起こる方法　→　$a \times b$（通り）

定理② 和の法則

A が起こる方法が a 通り、B が起こる方法が b 通りあるとき
A が起こる、または、B が起こる方法　→　$a + b$（通り）
※ただし、A，B は同時に起こり得ないこと

　互いに身長の異なる5人が、図のように横一列に並んでいる。最も背の高い者が右端でも左端でもなく、かつ、最も背の高い者から右にいくにつれ、また左にいくにつれ、背が低くなるような並び方は何通りあるか。

1　6通り
2　8通り
3　10通り
4　12通り
5　14通り

　次のように、5人を左から①〜⑤とします。

① 　 ② 　 ③ 　 ④ 　 ⑤

　ここで、最も背の高い者がどの位置かで場合分けをし、条件を満たす並び方を数えます。

（1）最も背の高い者が②の場合
　残る4人から①に並ぶ人を選ぶ方法は4通りあります。そのそれぞれについて、残る3人が③〜⑤に並ぶ方法は1通りに決まりますので、このような並び方は4通りですね。

> その3人の背の順に並ぶだけですね。

（2）最も背の高い者が③の場合
　残る4人から③より左に並ぶ2人を選ぶ方法は、

$$_4C_2 = \frac{4 \times 3}{2 \times 1} = 6（通り）$$

で、そのそれぞれについて、その2人が①，②に並ぶ方法は1通りに決まり、残る2人が④，⑤に並ぶ方法も1通りに決まりますので、このような並び方は6通りです。

> ここも、その2人の背の順に並ぶだけです。すなわち、最も背の高い人より左のメンバーと右のメンバーを決めれば、並び方は必然的に決まるということです。

（3）最も背の高い者が④の場合

②の場合と同様で、4 通りです。

以上より、並び方は全部で 4 ＋ 6 ＋ 4 ＝ 14（通り）で、肢 5 が正解です。

正解 ▶ 5

あるイベントのスタッフである男性 A，B，C と女性 D，E，F の 6 人は、それぞれ表中の役割のうち、いずれか一つを担当することとした。

司会の 2 人については、男性 1 人、女性 1 人が担当することとしたとき、6 人の役割の決め方は何通りか。

役割	人数
司会	2人
記録	1人
受付	2人
誘導	1人

1　100 通り
2　108 通り
3　116 通り
4　124 通り
5　132 通り

まず、司会の決め方について、男性 3 人から 1 人を選ぶ方法は 3 通り、女性 3 人から 1 人を選ぶ方法も 3 通りとなります。

次に、残る 4 人から、記録担当 1 人を選ぶ方法は 4 通りで、さらに、残る 3 人から誘導担当 1 人を選ぶ方法は 3 通りとなり、ここまで決めると、残る 2 人は受付担当に決まります。

これより、役割の決め方は、3 × 3 × 4 × 3 = 108（通り）となり、肢 2 が正解です。

積の法則より、かけ算します。

正解 ▶ 2

　ある小学校では、1～6年の各学年にそれぞれ1組，2組，3組の三つのクラスがあり、どのクラスにも図書委員が1人いる。

　これらの図書委員を全学年1組，全学年2組，全学年3組の3グループに分け、各グループから1人ずつ計3人の代表をくじ引きで選出することとなった。このとき、3人の代表に5年と6年の両方の学年の児童が含まれ、かつ、それ以外の学年の児童が含まれない確率はいくらか。

1　$\dfrac{1}{108}$　　　2　$\dfrac{1}{72}$　　　3　$\dfrac{1}{54}$　　　4　$\dfrac{5}{216}$　　　5　$\dfrac{1}{36}$

　1つのグループに図書委員は6人いますので、3つのグループから1人ずつを選出する方法は、6×6×6（通り）で、これらはいずれも同じ確率で起こります。

　このうち、条件を満たす選出方法を考えると、まず、5年と6年の児童は各グループに2人ずつですから、この2学年の児童だけを選出する方法は、2×2×2＝8（通り）です。

　しかし、この中には、3人とも5年、3人とも6年という方法も含まれており、この2通りは条件に反しますので、条件を満たす選出方法は、8－2＝6（通り）となります。

> **✐ 確率の定義**
>
> ある事柄が起こる方法が全部でN通りあり、それらすべて同じ確率で起こる（「同様に確からしい」という）とき、そのうち、Aという事柄が起こる方法が a 通りあるとすると、Aが起こる確率は、$\dfrac{a}{N}$ となる。

　よって、求める確率は、$\dfrac{6}{6\times6\times6} = \dfrac{1}{6\times6}$ $= \dfrac{1}{36}$ となり、肢5が正解です。

> 全部で6×6×6（通り）で、そのうち条件を満たす方法は6通りですから、確率はこのように求められます。

正解 ▶ 5

　4人が、ぐう，ちょき，ぱあのうち1つを出してじゃんけんをするとき、1回で1人の勝者が決まる確率として、正しいのはどれか。ただし、4人とも、ぐう，ちょき，ぱあをそれぞれ同じ確率で出すものとする。

1　$\dfrac{1}{9}$　　2　$\dfrac{9}{64}$　　3　$\dfrac{4}{27}$　　4　$\dfrac{1}{6}$　　5　$\dfrac{5}{27}$

　各人の手の出し方は3通りずつですから、4人の手の出し方は、3×3×3×3（通り）となり、いずれも同じ確率で起こります。

　ここで、この4人をA〜Dとすると、たとえば、1回でAが勝者となる方法は、次の3通りとなります。

A	B	C	D
ぐう	ちょき	ちょき	ちょき
ちょき	ぱあ	ぱあ	ぱあ
ぱあ	ぐう	ぐう	ぐう

　同様に、B，C，Dが勝者となる方法も、それぞれ3通りずつありますので、1回で1人の勝者が決まる方法は、4×3（通り）となります。

　よって、求める確率は $\dfrac{4 \times 3}{3 \times 3 \times 3 \times 3} = \dfrac{4}{3 \times 3 \times 3} = \dfrac{4}{27}$ となり、肢3が正解です。

正解 ▶ 3

第2部　数的推理

　オレンジキャンディー4個、レモンキャンディー6個の合計10個のキャンディーが入っている袋の中から、同時に3個のキャンディーを取り出したとき、そのうち少なくとも1個がオレンジキャンディーである確率はどれか。

1　$\dfrac{1}{6}$　　2　$\dfrac{2}{5}$　　3　$\dfrac{3}{5}$　　4　$\dfrac{2}{3}$　　5　$\dfrac{5}{6}$

　オレンジキャンディーが「少なくとも1個」ですから、1個、2個、3個のそれぞれの場合について考えることになります。

　しかし、これが起こらない場合（余事象）を考えると、0個、つまり、全部レモンキャンディーの場合のみですから、この場合の確率を1から引いて求めることにします。

　まず、10個のキャンディーから3個を選ぶ方法は、$_{10}C_3 = \dfrac{10 \times 9 \times 8}{3 \times 2 \times 1} = 120$（通り）です。

　さらに、6個のレモンキャンディーから3個を選ぶ方法は、$_6C_3 = \dfrac{6 \times 5 \times 4}{3 \times 2 \times 1} = 20$（通り）ですから、3個ともレモンキャンディーを選ぶ確率は、$\dfrac{20}{120} = \dfrac{1}{6}$ となります。

　これより、求める確率は、$1 - \dfrac{1}{6} = \dfrac{5}{6}$ と分かり、肢5が正解です。

✐ 余事象

ある事柄Aに対して、それが起こらないことを、Aの余事象という。
Aは、起こるか起こらないかのどちらかなので、Aが起こる確率とAの余事象の確率を合わせると1（＝100％）となり、Aが起こる確率は、「1－余事象の確率」で、求めることもできる。

正解 ▶ 5

図のような、カウンターに①〜⑥の6つの席がある。A〜Fの6人が、1〜6の番号が1つずつ書かれた6本のくじから無作為に1本ずつ引き、そのくじの番号の席に座るとき、AとBが両端の席に座る確率はどれか。

① ② ③ ④ ⑤ ⑥

1 $\dfrac{1}{6}$ 2 $\dfrac{1}{15}$ 3 $\dfrac{1}{18}$ 4 $\dfrac{1}{30}$ 5 $\dfrac{1}{60}$

【解法1】

①〜⑥にA〜Fが座る方法は、A〜Fを①の席から順に並べる方法ですから、6！＝6×5×4×3×2×1＝720（通り）です。

公式は、p.236 参照。

そのうち、両端にAとBが座る方法を考えると、まず、AとBが①と⑥に座る方法が2通り、さらに、②〜⑤にC〜Fの4人が座る方法は、4！＝4×3×2×1＝24（通り）ですから、2×24＝48（通り）となります。

(A, B) = (①, ⑥),
(⑥, ①) の2通りです。

よって、求める確率は、$\dfrac{48}{720} = \dfrac{1}{15}$ と分かり、肢2が正解です。

C〜Eを②〜⑤に並べる方法です。

【解法2】

「解法1」では、6人の「座り方」を考えましたが、ここでは、AとBの席の「選び方」を考えます。

まず、①〜⑥の6つの席から、AとBが座る2つの席を選ぶ方法は、$_6C_2 = \dfrac{6×5}{2×1} = 15$（通り）で、そのうち、①と⑥の選び方は1通りですから、求める確率は $\dfrac{1}{15}$ となります。

【解法3】

Aから順に席を選んで座るとします。

まず、Aが最初に6つの席から①を選ぶ確率は $\frac{1}{6}$、次に、Bが残る5つの席から⑥を選ぶ確率は $\frac{1}{5}$ ですから、これが順に起こる確率は、$\frac{1}{6} \times \frac{1}{5} = \frac{1}{30}$ となります。

> 乗法定理（下記参照）より、確率をかけ算します。

同様に、Aが⑥を、Bが①を順に選ぶ確率も $\frac{1}{6} \times \frac{1}{5}$ $= \frac{1}{30}$ となります。

これより、このいずれかが起こる確率は、$\frac{1}{30} + \frac{1}{30} =$ $\frac{2}{30} = \frac{1}{15}$ となります。

> 加法定理より、確率を足し算します。

正解 ▶ 2

❖ 確率の定理

定理① 乗法定理

Aが起こる確率が a、Bが起こる確率が b であるとき
Aが起こり、かつ、Bが起こる確率 → $a \times b$

定理② 加法定理

Aが起こる確率が a、Bが起こる確率が b であるとき
Aが起こる、または、Bが起こる確率 → $a + b$

※ただし、A，Bは同時に起こり得ないこと

　A, B, C の3人が、1対1でゲームを行う。引き分けはなく、3人が勝つ確率はいずれも同じである。総当たり戦で計3回のゲームを行うとき、3人とも1勝1敗になる確率はどれか。

1　$\dfrac{1}{4}$　　2　$\dfrac{3}{10}$　　3　$\dfrac{2}{5}$　　4　$\dfrac{3}{5}$　　5　$\dfrac{3}{4}$

　3人とも1勝1敗になる場合を、AB戦の勝敗から次のように場合分けをします。

（1）A が B に勝つ場合

　A は1勝、B は1敗となりますので、A が C に負け、B が C に勝てば、3人とも1勝1敗になります。

　各人が対戦相手に勝つ確率はいずれも $\dfrac{1}{2}$ ですから、

A が B に勝ち、B が C に勝ち、C が A に勝つ確率は、

$\dfrac{1}{2} \times \dfrac{1}{2} \times \dfrac{1}{2} = \dfrac{1}{8}$ となります。

> これらが共に起こる確率ですので、乗法定理より、かけ算します。

（2）A が B に負ける場合

　同様に、A が C に勝ち、B が C に負ければ、3人とも1勝1敗になりますので、この場合の確率も、$\dfrac{1}{2} \times \dfrac{1}{2} \times \dfrac{1}{2} = \dfrac{1}{8}$ となります。

　求める確率は、（1）と（2）のいずれかが起こる確率ですので、$\dfrac{1}{8} + \dfrac{1}{8} = \dfrac{2}{8} = \dfrac{1}{4}$ と分かり、肢1が

> 加法定理より、確率を足し算します。

正解です。

第2部　数的推理

正解 ▶ 1

　ある豆電球を 5 分ごとに観察したところ、「ある時点で光っていたら、5 分後に光っている確率」は $\frac{4}{5}$ であり、「ある時点で消えていたら、5 分後に光っている確率」は $\frac{1}{4}$ であった。今、豆電球が光っているとすると、10 分後に光っている確率として、正しいのはどれか。ただし、豆電球の状態は、「光っている」か、「消えている」かのいずれかのみとする。

1　$\frac{17}{25}$　　2　$\frac{69}{100}$　　3　$\frac{7}{10}$　　4　$\frac{71}{100}$　　5　$\frac{18}{25}$

　今から 5 分後に光っている場合と消えている場合について、その 5 分後（今から 10 分後）に光っている確率を計算します。

（1）5 分後に光っている場合

　今、光っていますので、5 分後に光っている確率は $\frac{4}{5}$ で、さらに、その 5 分後に光っている確率も $\frac{4}{5}$ ですから、10 分後に光っている確率は、$\frac{4}{5} \times \frac{4}{5} = \frac{16}{25}$ です。

（2）5 分後に消えている場合

　5 分後に消えている確率は $\frac{1}{5}$ で、その 5 分後に光っている確率は $\frac{1}{4}$ ですから、10 分後に光っている確率は、$\frac{1}{5} \times \frac{1}{4} = \frac{1}{20}$ です。

　求める確率は、（1）と（2）のいずれかが起こる確率ですので、$\frac{16}{25} + \frac{1}{20}$ $= \frac{64 + 5}{100} = \frac{69}{100}$ と分かり、肢 2 が正解です。

正解 ▶ 2

No. 135 確率

▶ 社会人基礎試験　　▶ 2017

　10 本のくじの中に当たりくじが 1 本入っている。このくじを 1 本引いたあと元に戻し、続けて 1 本引くとき、2 本のうち少なくとも 1 本当たりくじを引く確率はどれか。

1　11%　　　　2　14%　　　　3　16%　　　　4　19%

　「少なくとも 1 本」ですから、1 本と 2 本の場合を考えることになりますが、余事象であれば、「2 本とも外れる」場合だけですから、1 から余事象の確率を引いて求めます。

　引いたくじは元に戻すので、当たりくじを引く確率は常に $\dfrac{1}{10}$、外れる確率は $\dfrac{9}{10}$ ですから、2 回とも外れる確率は $\dfrac{9}{10} \times \dfrac{9}{10} = \dfrac{81}{100}$ となります。

　これより、求める確率は、$1 - \dfrac{81}{100} = \dfrac{19}{100} = 19\%$と分かり、肢 4 が正解です。

正解 ▶ 4

第2部　数的推理

No. 136 確率

▶ 東京都キャリア活用　　▶ 2017

　　1から6までの整数のうち1つを指定し、その指定した数と正六面体のサイコロ1個を投げて出た目の数が一致した場合は持ち点に5点が追加され、一致しなかった場合は持ち点から1点が減点されるゲームがある。最初に持ち点が5点あるとき、このゲームを3回続けて行った後に持ち点が8点又は14点になる確率として正しいのはどれか。

1　$\dfrac{65}{216}$　　　2　$\dfrac{10}{27}$　　　3　$\dfrac{5}{12}$　　　4　$\dfrac{95}{216}$　　　5　$\dfrac{115}{216}$

　　最初の持ち点が5点ですから、指定した数字とサイコロの目が一致した回数で、ゲームを3回行った後の持ち点は、次のようになります。

一致した回数	一致しなかった回数	持ち点
3回	0回	$5 + 5 \times 3 = 20$（点）
2回	1回	$5 + 5 \times 2 - 1 = 14$（点）
1回	2回	$5 + 5 - 1 \times 2 = 8$（点）
0回	3回	$5 - 1 \times 3 = 2$（点）

　　これより、持ち点が8点，14点のそれぞれになる確率を求めます。

（1）持ち点が8点になる確率

　　3回のうち、1回だけ一致し、あとの2回は一致しない場合となります。

　　数字が一致する確率は $\dfrac{1}{6}$、一致しない確率は $\dfrac{5}{6}$ ですから、3回のうち、何回目で一致するかで、次の3通りが考えられます。

	1回目	2回目	3回目	確率
①	一致	不一致	不一致	$\dfrac{1}{6} \times \dfrac{5}{6} \times \dfrac{5}{6} = \dfrac{25}{216}$
②	不一致	一致	不一致	$\dfrac{5}{6} \times \dfrac{1}{6} \times \dfrac{5}{6} = \dfrac{25}{216}$
③	不一致	不一致	一致	$\dfrac{5}{6} \times \dfrac{5}{6} \times \dfrac{1}{6} = \dfrac{25}{216}$

持ち点が 8 点になるのは、①, ②, ③ のいずれかが起こる場合ですから、確率は

$$\dfrac{25}{216} + \dfrac{25}{216} + \dfrac{25}{216} = \dfrac{75}{216} = \dfrac{25}{72}$$

となります。

> **❗ここがPOINT**
>
> ①～③の確率は、いずれも、$\dfrac{1}{6}$ を 1回、$\dfrac{5}{6}$ を 2 回かけ合わせたもので、当然同じになります。
> 同じ数を 3 つ足すのですから、3 倍して、$\dfrac{25}{216}$ ×3 で求められます。

(2) 持ち点が 14 点になる確率

3 回のうち、2 回だけ一致し、あとの 1 回は一致しない場合となります。

3 回のうち、一致しないのが 1 回だけですから、その方法はやはり 3 通りあり、(1) と同様に考えると、いずれの確率も、$\dfrac{1}{6}$ を 2 回、$\dfrac{5}{6}$ を 1 回かけ合わせた数となりますので、これを 3 倍して、次のように求められます。

$$\dfrac{1}{6} \times \dfrac{1}{6} \times \dfrac{5}{6} \times 3 = \dfrac{5}{216} \times 3 = \dfrac{5}{72}$$

以上より、持ち点が 8 点または 14 点となる確率は、それぞれの確率を足して、

$\dfrac{25}{72} + \dfrac{5}{72} = \dfrac{30}{72} = \dfrac{5}{12}$ と分かり、肢 3 が正解です。

正解 ▶ 3

3進法で表された数 210 と 10 進法で表された数 13 との積を 3 進法で表した数はどれか。

1　20200
2　21010
3　101000
4　101010
5　102020

3進法の 210 を 10 進法に変換すると次のようになります。

$$210_{(3)} = 3^2 \times 2 + 3 \times 1 = 21$$

これより、10 進法の 21 と 13 の積を計算すると、$21 \times 13 = 273$ となり、これを 3 進法に変換すると、次のようになります。

> 10 で繰り上がる 10 進法に対して、N で繰り上がるシステムを N 進法といいます。10 進法と N 進法の変換方法は、次ページ参照。

```
3) 273
3)  91 … 0
3)  30 … 1
3)  10 … 0
3)   3 … 1
     1 … 0     →  101010
```

よって、求める数は、101010 (3) となり、肢 4 が正解です。

正解 ▶ 4

❖ N進法の変換方法

① N進法 → 10進法の変換方法

10進法の数は、たとえば、$2345 = 10^3 \times 2 + 10^2 \times 3 + 10 \times 4 + 1 \times 5$ と表せます。

同様に、N進法で表された ABCD は、10進法の $N^3 \times A + N^2 \times B + N \times C + 1 \times D$ を計算することで、10進法の数に変換できます。

> 10進法は小さいほうから一の位、十の位、百の位…となり、同様に、N進法は、1の位、Nの位、N^2 の位、N^3 の位…となります。

例）5進法の 2324 を 10進法に変換する

$$2324_{(5)} = 5^3 \times 2 + 5^2 \times 3 + 5 \times 2 + 1 \times 4$$
$$= 250 + 75 + 10 + 4$$
$$= 339$$

> 「(5)」は、5進法の表記という意味です。

② 10進法 → N進法の変換

10進法の数を N進法に変換する場合は、次の例のように、順に N で割って余りを書き出し、割れなくなったら、最後の商から矢印の順に余りを並べれば、N進法の表記になります。

例）10進法の 339 を 5進法に変換する

```
5) 339        （余り）
5)  67  …  4  ↑
5)  13  …  2
     2  …  3      →  2324
```

7進法で表された数 556 と 3 進法で表された数 2022 との差を 5 進法で表した数はどれか。

1　222　　　2　224　　　3　1344　　　4　1404　　　5　2121

7進法の 556 と 3 進法の 2022 を、それぞれ 10 進法に変換すると、次のようになります。

$$556_{(7)} = 7^2 \times 5 + 7 \times 5 + 1 \times 6 = 286$$
$$2022_{(3)} = 3^3 \times 2 + 3 \times 2 + 1 \times 2 = 62$$

これより、10 進法での 2 数の差は、286 − 62 = 224 となり、これを 5 進法に変換すると次のようになります。

```
5) 224
5)  44 … 4
5)   8 … 4
     1 … 3      →  1344
```

よって、求める数は、1344 (5) となり、肢 3 が正解です。

正解 ▶ 3

No. 139 等差数列

▶ 東京都キャリア活用　▶ 2017

3桁の自然数のうち、「9で割ると7余り、かつ、13で割ると11余る。」という条件を満足する全ての自然数の和として正しいのはどれか。

1　4186　　　2　4196　　　3　4206　　　4　4216　　　5　4226

9で割ると7余る数は、あと2を加えると9で割り切れ、13で割ると11余る数も、あと2を加えると13で割り切れます。

すなわち、このような数は、2を加えると、9でも13でも割り切れる数ですから、9と13の公倍数に2だけ少ない数となります。

9と13の最小公倍数は、9 × 13 = 117ですから、3桁の自然数で最小の数は、117 − 2 = 115、2番目の数は、117 × 2 − 2 = 232、3番目の数は、117 × 3 − 2 = 349となり、4番目以降も117ずつ増えていきますので、これらの数を並べると、次のようになります。

> No.115参照。

> このように、隣同士の間隔（差）がいずれも同じである数字の列を、「等差数列」といいます。

ここで、3桁の自然数で最大の数を探すと、117 × 8 − 2 = 934ですから、このような数は「117 × 1 − 2」から「117 × 8 − 2」までで、全部で8個あることが分かります。

さらに、最大から2番目の数も求めると、117 × 7 − 2 = 817となり、これらを並べると、次のように、最小と最大の和は115 + 934 = 1049、2番目同士の和も232 + 817 = 1049と等しくなることが分かります。

> 115→232は117増え、934→817は117減りますので、足すと同じになるわけです。

そうすると、3番目同士以降も、和は同じ1049になると分かり、8個の数を2個ずつ組み合わせた4組の和はいずれも1049になることから、これらの数の合計は、1049 × 4 = 4196となり、肢2が正解です。

> **！ここがPOINT**
> この計算から、等差数列の和は、(最初の数＋最後の数) × 数字の個数 ÷ 2で求められると分かりますね。

正解 ▶ 2

第2部　数的推理

次の数列の上から20段目の左から4番目の数として、正しいのはどれか。

1段目	1
2段目	3　5
3段目	7　9　11
4段目	13　15　17　19
5段目	21　23　25　27　29
6段目	31　33　35　37　39　41
・	43　45　47　・　・　・
・	・　・　・　・　・　・

1　387　　　2　389　　　3　401　　　4　425　　　5　427

　　まず、20段目の一番左端の数を調べるため、各段の一番左端の数を上から順に並べます。さらに、その隣同士の差を書き並べ、それぞれ、数列①，②とすると、次のようになります。

数列① →　1　　3　　7　　13　　21　　31　　43　…
数列② →　　　2　　4　　6　　8　　10　　12　…

　　上記の数列において、数列①の7番目の「43」は、1番目の「1」に、数列②の6番目までの合計である「2 + 4 + 6 + 8 + 10 + 12 = 42」を加えた数であると分かります。

> 1に2を足して3、さらに4を足して7、さらに6を足して13…と並ぶわけですから、まとめて足しても同じですね。

　　そうすると、20段目の一番左端の数は、数列①の20番目の数になりますが、この数も、1番目の「1」に、数列②の19番目までの合計を加えることで求められます。
　　数列②は、隣同士の差が2である等差数列ですが、2の倍数が順に並んでいますので、19番目は $2 \times 19 = 38$ となります。
　　そうすると、19番目までの合計は、$(2 + 38) \times 19 \div 2 = 380$ となりますので、数列①の20番目の数は、$1 + 380 = 381$ と分かります。

> 等差数列の和の求め方は、No.139で確認しましたね。

これより、20 段目の一番左の数は 381 であり、問題の数列は、順に奇数が
並んでいますので、20 段目は左から、381, 383, 385, 387, …となり、4
番目は 387 で、肢 1 が正解です。

正 解 ▶ 1

面積が 20cm² の正三角形の紙を、次の図のように、底辺の半分が重なるようにしながら並べていく。30 枚の正三角形を並べてできる図形の面積として正しいのはどれか。

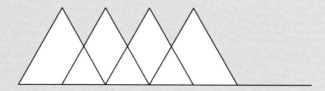

1 315cm²
2 450cm²
3 455cm²
4 525cm²
5 600cm²

正三角形を 1 枚目から順に並べて合計の面積を計算します。

まず、1 枚目は 20cm² ですが、2 枚目は、1 枚目と、図 1 の色の付いた部分が重なります。

図 1

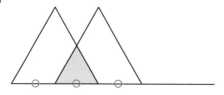

この色の付いた部分も正三角形で、1 辺の長さは、元の正三角形の半分 = $\frac{1}{2}$ ですから、面積は $\frac{1}{4}$ となり、20cm² × $\frac{1}{4}$ = 5cm² と分かります。

> 同じ形(相似)ですから、面積比は、相似比$\left(\frac{1}{2}\right)$の 2 乗になります。

そうすると、1 枚目に 2 枚目から順に重ねることで、図 2 のように、面積は 20 − 5 = 15 (cm²) ずつ増えていくことになります。

図2

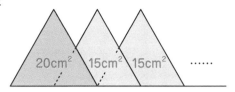

これより、30枚並べてできる図形の面積は、20 + 15 × 29 = 455（cm²）となり、肢3が正解です。

正解 ▶ 3

正方形の土地を図のようにA，B，Cの三つに分けた。A，Bがそれぞれ正方形になるようにし、残りをCとしたところ、Cの面積はAの面積の3倍となった。Aの一辺を6mとするとき、Cの面積は、Bの面積の何倍か。

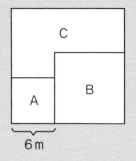

1　$\dfrac{8}{7}$ 倍　　2　$\dfrac{7}{6}$ 倍　　3　$\dfrac{6}{5}$ 倍　　4　$\dfrac{5}{4}$ 倍　　5　$\dfrac{4}{3}$ 倍

Bの一辺の長さを x m とすると、土地全体の一辺の長さは $6 + x$（m）となりますので、図の各辺の長さは、次のようになります。

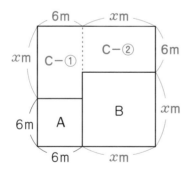

これより、図のように、Cを、C－①，C－②と2つの長方形に分けると、面積はいずれも $6x$ m² と分かり、Cの面積は $6x + 6x = 12x$（m²）となります。

そうすると、条件より、Cの面積は、Aの面積である $6^2 = 36$（m²）の3倍ですから、$12x = 36 \times 3$ より、$x = 9$ が分かります。

よって、Bの面積は、$9^2 = 81$（m²）、Cの面積は、$12 \times 9 = 108$（m²）で、CはBの $\dfrac{108}{81} = \dfrac{4}{3}$（倍）となり、肢5が正解です。

正解 ▶ 5

No.
143 図形の面積

▶ 東京都キャリア活用　▶ 2017

　右の図のように、2つの半円と中心角90°の円弧とからなる図形があるとき、図中の斜線部分の面積として、正しいのはどれか。ただし、円周率はπとする。

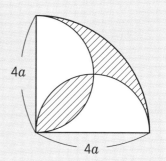

1　$\dfrac{a^2}{4}(\pi - 2)$

2　$\dfrac{a^2}{2}(\pi - 2)$

3　$a^2(\pi - 2)$

4　$2a^2(\pi - 2)$

5　$4a^2(\pi - 2)$

第2部　数的推理

　図1のように、円弧の両端を A，B、中心を O、半円の中心をそれぞれ P，Q とし、半円の交点を R とします。

　2つの半円の半径はいずれも 2a ですから、P と R、Q と R を結ぶと、四角形 PQRの 4 辺はいずれも 2a で、∠POQ = 90°ですから、この四角形は正方形となります。

　すなわち、∠OPR = ∠OQR = 90°となり、R は、それぞれの半円の円弧のちょうど真ん中となりますので、図2のように、A, R, B を結ぶと、①〜④の図形はいずれも合同であると分かります。

> このような図形を「弓型」といいます。

図1

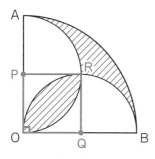

図2

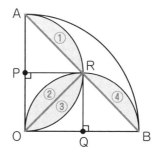

　これより、②と③にある斜線を①と④に移動すると、斜線部分は図3のよう

259

な弓形となり、その面積は、おうぎ形 OAB から直角三角形 OAB を除いて求めることができます。

図3

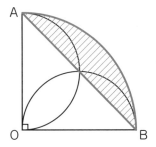

　そうすると、おうぎ形 OAB は、半径 $4a$、中心角 $90°$、直角三角形 OAB は、AO = BO = $4a$ ですから、斜線部分の面積は、次のようになります。

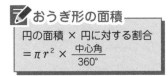

（おうぎ形 OAB）　（直角三角形 OAB）

$$(4a)^2 \pi \times \frac{90}{360} - 4a \times 4a \times \frac{1}{2}$$

$$= 16\pi a^2 \times \frac{1}{4} - 8a^2$$

$$= 4\pi a^2 - 8a^2$$

$$= 4a^2(\pi - 2)$$

　よって、肢5が正解です。

正 解 ▶ 5

図のように半径2cm の円が三つあり、そのうち二つの円は外接している。これらの円の中心を結んで直角三角形を作った。このとき、斜線部の面積はいくらか。なお、πは円周率を表す。

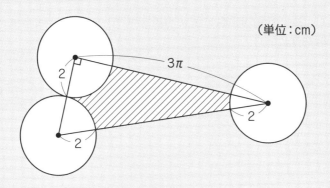

(単位：cm)

1 $\dfrac{8}{3}\pi\,\mathrm{cm}^2$

2 $3\pi\,\mathrm{cm}^2$

3 $\dfrac{7}{2}\pi\,\mathrm{cm}^2$

4 $4\pi\,\mathrm{cm}^2$

5 $\dfrac{9}{2}\pi\,\mathrm{cm}^2$

　まず、直角三角形の、直角をはさむ2辺は、図1のように、1辺が3π cm で、もう1辺は、円の半径2つ分ですから2＋2＝4（cm）となります。

　これより、直角三角形の面積は、$3\pi \times 4 \times \dfrac{1}{2} = 6\pi$（cm²）となり、斜線部分の面積は、ここから、3つの円と重なる部分（図1のおうぎ形ア〜ウ）を除いて計算します。

　3つのおうぎ形は、いずれも半径は2cm で、中心角を合計すると、三角形の内角の和である180°になりますので、合わせると、図2のような半円になります。

図1

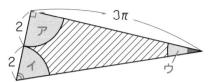

図2

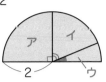

　これより、斜線部分の面積は、$6\pi - 2^2\pi \times \dfrac{1}{2} = 6\pi - 2\pi = 4\pi$ （cm^2）となり、肢4が正解です。

正解 ▶ 4

No. 145 接線の性質と三平方の定理 ▶ 特別区経験者採用 ▶ 2010

次の図のように、直角三角形 ABC に半径 3cm の円が内接している。今、辺 AB = 8cm のとき、直角三角形 ABC の面積はどれか。

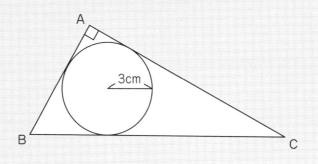

| 1 56cm² | 2 58cm² | 3 60cm² | 4 62cm² | 5 64cm² |

円の中心を O、内接円と各辺の接点を P, Q, R とし、図1のように、O と Q、O と R を結ぶと、接線の性質より、各辺と垂直に交わります。

これより、四角形 AROQ は、内角がいずれも 90° で、OQ = OR = 3cm ですから、正方形となり、AQ = AR = 3cm と分かります。

接線の性質①

図のように、円の中心と接点を結ぶ線は、接線と垂直に交わる。

図1

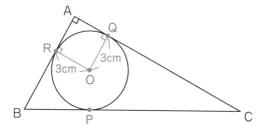

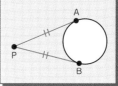

接線の性質②

図のように、円外の1点 P から引いた2本の接線の長さ PA と PB は等しい。

そうすると、条件より、BR = 8 − 3 = 5（cm）となり、接線の性質より、BP = BR = 5cm と分かりますので、ここで、CP = CQ = $x$cm とすると、各

第2部　数的推理

辺の長さは、図2のようになります。

図2

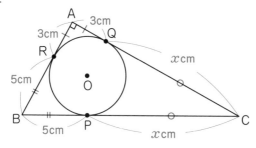

　これより、直角三角形 ABC について、三平方の定理より、$AB^2 + AC^2 = BC^2$ が成り立ち、次のような方程式が立ちます。

$$8^2 + (x + 3)^2 = (x + 5)^2$$
$$64 + x^2 + 6x + 9 = x^2 + 10x + 25$$
$$6x - 10x = 25 - 64 - 9$$
$$-4x = -48$$
$$\therefore x = 12$$

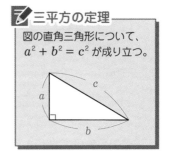

三平方の定理

図の直角三角形について、
$a^2 + b^2 = c^2$ が成り立つ。

　よって、AC = 3 + 12 = 15（cm）と分かり、三角形 ABC の面積は、$8 \times 15 \times \dfrac{1}{2} = 60$（cm^2）で、肢3が正解です。

展開の公式は、p.225 参照。

正 解 ▶ 3

No.146 直角三角形の3辺比 ▶ 国家一般職（社会人） ▶ 2014

図のように、一辺の長さが1の二つの正方形が重なり合っている。このとき、斜線部分の面積はいくらか。

1　$\dfrac{\sqrt{2}-1}{2}$

2　$\sqrt{2}-1$

3　$\dfrac{\sqrt{2}}{4}$

4　$\dfrac{\sqrt{2}}{2}$

5　$\dfrac{\sqrt{2}+1}{2}$

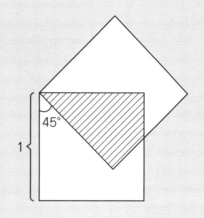

次ページの図のように、各点を A ～ E とします。条件より、∠ BAE = 90° − 45° = 45° ですから、AE を延長すると、正方形の対角線となりますので、頂点 D に到達します。

図より、斜線部分は三角形 ABD から三角形 ECD の面積を除いた部分と分かりますので、それぞれの面積を確認すると、まず、三角形 ABD の面積は、正方形の面積のちょうど半分ですから、$1^2 × \dfrac{1}{2} = \dfrac{1}{2}$ となります。

また、三角形 ABD は、直角二等辺三角形で、3辺比は $1:1:\sqrt{2}$ ですから、AD $= \sqrt{2}$ となり、ED $= \sqrt{2} − 1$ と分かります。

直角三角形の3辺比

① 90° 45° 45° の直角三角形（直角二等辺三角形）

② 90° 60° 30° の直角三角形

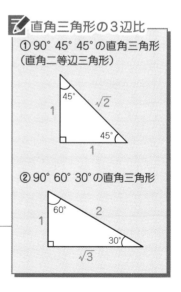

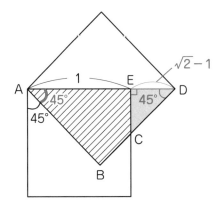

さらに、三角形 ECD の内角も、90°，45°，45° となり、直角二等辺三角形と分かりますので、EC = ED = $\sqrt{2} - 1$ となり、この三角形の面積は次のようになります。

$$\triangle ECD = (\sqrt{2} - 1)^2 \times \frac{1}{2}$$
$$= (2 - 2\sqrt{2} + 1) \times \frac{1}{2}$$
$$= \frac{3 - 2\sqrt{2}}{2}$$

これより、斜線部分の面積は、次のようになります。

$$\triangle ABD - \triangle ECD = \frac{1}{2} - \frac{3 - 2\sqrt{2}}{2}$$
$$= \frac{1 - (3 - 2\sqrt{2})}{2}$$
$$= \frac{1 - 3 + 2\sqrt{2}}{2}$$
$$= \frac{2\sqrt{2} - 2}{2}$$
$$= \sqrt{2} - 1$$

よって、肢 2 が正解です。

正 解 ▶ 2

下の図のように、一辺の長さが $4\sqrt{3}$ の正三角形に円が内接し、さらに、その円に正三角形が内接しているとき、着色部分の面積として、正しいのはどれか。ただし、円周率は π とする。

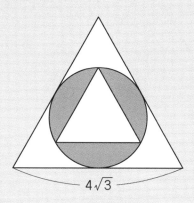

$4\sqrt{3}$

1　$3\pi - 2\sqrt{3}$

2　$3\pi - 3\sqrt{3}$

3　$4\pi - 2\sqrt{3}$

4　$4\pi - 3\sqrt{3}$

5　$5\pi - 2\sqrt{3}$

第2部　数的推理

図1のように、円の中心を O、大小2つの正三角形の各頂点を A～F とし、BC と EF が平行な状態とします。

そうすると、図は左右対称になりますので、O から BC に垂線 OP を引くと、P は BC の中点となり、BP = $2\sqrt{3}$ となります。

また、O と B を結ぶと OB は E を通り、∠OBP = 30° となります。これより、△OBP は 90°, 60°, 30° の直角三角形（p.265 参照）で、3辺比は 1 : 2 : $\sqrt{3}$ ですから、BP = $2\sqrt{3}$ より、OP = 2 が分かりますね。

OP は円Oの半径ですから、円Oの面積は、$2^2\pi$ = 4π と分かります。

正三角形の向きは示されていませんが、同じ向きに整っている状態で考えるということです。

O は正三角形の中心ですから、次の図で・の角はいずれも等しく30°となります。

267

図1

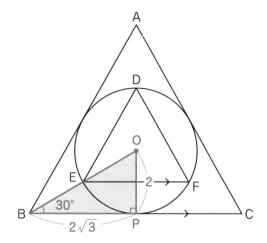

また、OE も円 O の半径ですので、OE = 2 が分かります。

ここで、OP と EF の交点を Q とすると、△ OEQ もまた、90°，60°，30° の直角三角形ですから、OQ = 1，EQ = $\sqrt{3}$ となり、EF = $2\sqrt{3}$ が分かります。

さらに、図2のように、O と D を結ぶと、OD = OE = 2 より、DQ = 3 と分かりますね。

> DQ は、△ DEF を左右に分ける、1本の直線になりますよ。

図2

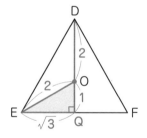

これより、正三角形 DEF の面積は、$2\sqrt{3} \times 3 \times \dfrac{1}{2} = 3\sqrt{3}$ と分かり、着色部分 = 円 O − △DEF = $4\pi - 3\sqrt{3}$ で、肢4が正解です。

正解 ▶ 4

下図の台形 ABCD の面積として、正しいのはどれか。

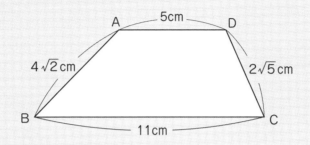

1　31cm²
2　32cm²
3　33cm²
4　34cm²
5　35cm²

　図のように、A，D から、辺 BC に下ろした垂線の足を、それぞれ P，Q とすると、AP，DQ はいずれも等しく、台形の高さとなります。
　また、四角形 APQD は長方形ですから、PQ = AD = 5cm より、BP + QC = BC − PQ = 11 − 5 = 6（cm）となり、BP = x cm とすると、QC = 6 − x（cm）と表せます。

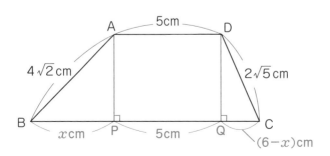

ここで、直角三角形 ABP と直角三角形 DQC について、三平方の定理より、$AP^2 + BP^2 = AB^2$、$DQ^2 + QC^2 = DC^2$ がそれぞれ成り立ちますので、ここから、次のように表せます。

$$AP^2 = AB^2 - BP^2 = (4\sqrt{2})^2 - x^2$$
$$DQ^2 = DC^2 - QC^2 = (2\sqrt{5})^2 - (6 - x)^2$$

　そうすると、AP = DQ より、$AP^2 = DQ^2$ ですから、ここから、次のような方程式が立ちます。

$$(4\sqrt{2})^2 - x^2 = (2\sqrt{5})^2 - (6 - x)^2$$
$$32 - x^2 = 20 - (36 - 12x + x^2)$$
$$32 - x^2 = 20 - 36 + 12x - x^2$$
$$-12x = 20 - 36 - 32$$
$$-12x = -48 \qquad \therefore x = 4$$

> $(6 - x)^2$ の前にマイナスがあるので、一度かっこを付けて展開します。

　これより、BP = 4 となり、$BP : AB = 4 : 4\sqrt{2} = 1 : \sqrt{2}$ より、直角三角形 ABP は、$1 : 1 : \sqrt{2}$ の形と分かり、AP = 4 が導けます。
　よって、台形の高さは 4cm となり、面積は、
$(5 + 11) \times 4 \times \dfrac{1}{2} = 32$（cm^2）で、肢 2 が正解です。

> ✍ 台形の面積
> （上底＋下底）×高さ×$\dfrac{1}{2}$

正解 ▶ 2

図のように、同じ大きさの15個の正方形のマス目を描いて頂点 A 〜 F を置き、頂点 A と頂点 C、頂点 D と頂点 E をそれぞれ直線で結んだとき、∠ACB と∠EDF の角度の和として、正しいのはどれか。

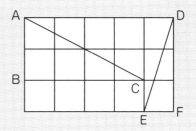

1 40°   2 45°   3 50°   4 55°   5 60°

第2部 数的推理

正方形のマス目の一辺の長さを 1 とすると、AC と DE の長さは、三平方の定理より、それぞれ次のように求められます。

$$AC^2 = 2^2 + 4^2 = 20 \quad \therefore AC = \sqrt{20}$$
$$DE^2 = 3^2 + 1^2 = 10 \quad \therefore DE = \sqrt{10}$$

これより、$AC : DE = \sqrt{20} : \sqrt{10} = \sqrt{2} : 1$ が分かります。

ここで、図のように頂点 G をとり、A，C とそれぞれ結ぶと、AG = CG = DE となり、三角形 AGC は、3 辺比が $1 : 1 : \sqrt{2}$ となることから、直角二等辺三角形と分かります。

> $\sqrt{20} : \sqrt{10}$ を共に $\sqrt{10}$ で割って $\sqrt{2} : 1$ となります。

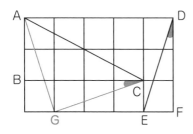

これより、∠ACG = 45° となり、∠EDF = ∠GCB より、∠ACB + ∠EDF = 45° と分かり、肢 2 が正解です。

> 共に、この大きさですね。

正解 ▶ 2

次の図のように、三角形 ABC の頂点 A，頂
点 B から引いた直線と辺 BC，辺 AC との交
点をそれぞれ D，E とし、AD と BE との交
点を F とする。今、AE：EC ＝ BD：DC ＝
1：2 であるとき、AF：FD はどれか。

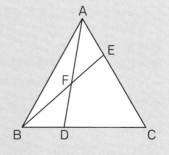

1　2：1　　　2　3：2　　　3　4：3　　　4　5：3　　　5　5：4

AF：FD を求めるために、AD を含む「平行線
と線分比」の形を探しますが、与えられた図に平
行線がありませんので、図1のように、A を通っ
て BC に平行な線を引き、BE の延長線の交点を
G とします。

そうすると、△ AFG ∽ △ DFB となり、この
相似比が AF：FD になります。

ここで、条件より、BD：DC ＝ 1：2 ですから、
BD ＝ 1，DC ＝ 2 とすると、BC ＝ 3 となります。

図1

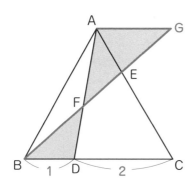

平行線と線分比

図のそれぞれについて、
△ ABC ∽ △ ADE より、
AB：AD ＝ BC：DE ＝
AC：AE が成り立つ。

①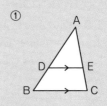

②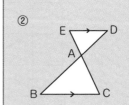

次に、図2のように、△ AEG ∽△ CEB に着目すると、条件より、AE：CE ＝ 1：2ですから、相似比1：2となり、AG：CB ＝ 1：2が分かります。

　そうすると、CB ＝ 3より、AG ＝ 3 × $\frac{1}{2}$ ＝ 1.5となり、AG：DB ＝ 1.5：1 ＝ 3：2が分かります。

図2

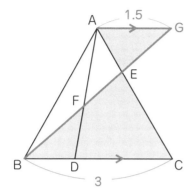

　これより、△ AFG と△ DFBの相似比は3：2となり、AF：DF ＝ 3：2で、肢2が正解です。

正解 ▶ 2

次の図のような、1 辺の長さが 30cm の正方形 ABCD がある。この正方形の辺 AB の中点を E、辺 BC の中点を F とし、A と F とを結ぶ直線と、E と D とを結ぶ直線との交点を G としたとき、EBFG で囲まれた部分の面積はどれか。

1　165cm²
2　170cm²
3　175cm²
4　180cm²
5　185cm²

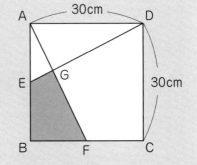

　まず、三角形 ABF の面積を確認すると、F は辺の中点ですから、AB × BF × $\frac{1}{2}$ = 30 × 15 × $\frac{1}{2}$ = 225（cm²）となります。

　そうすると、求める部分は、三角形 ABF から三角形 AEG を除いた部分ですが、三角形 AED もまた、三角形 ABF と同じ面積なので、求める部分の面積は、三角形 AGD の面積と同じになります。

　ここで、図 1 のように、AF と DC をそれぞれ延長し、交点を H とすると、△ AHD ∽△ FHC となり、条件より、AD：FC = 2：1 ですから、DH：CH = 2：1 が分かります。

> p.272「平行線と線分比」の①の形です。

　すなわち、DC = CH となり、条件より、AE：DC = 1：2 ですから、AE：DC：CH = 1：2：2 となり、AE：DH = 1：4 が分かります。

　これより、図 2 のように、△ AEG ∽△ HDG に着目すると、相似比は 1：4 ですから、EG：DG = 1：4 が分かります。

図1

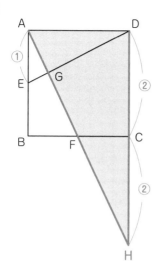

図2

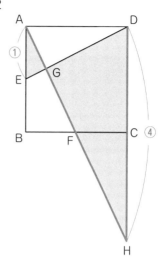

　そうすると、底辺分割の定理より、三角形AEGと三角形AGDの面積比も1:4となりますので、三角形AEDと三角形AGDの面積比は、(1 + 4):4 = 5:4となり、三角形AGDの面積は、$225 \times \dfrac{4}{5} = 180$(cm²)と分かります。

　よって、求める部分の面積も180cm²となり、肢4が正解です。

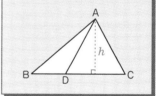

底辺分割の定理

図のように、△ABCをADで分割したとき、△ABDと△ADCは、高さは共にhなので、底辺の比BD:DCが、そのまま面積の比になる。

正解 ▶ 4

　下の図のように、長方形 ABCD を辺 AB に平行な線で 7 等分し、AC 間を直線で結んだとき、着色部分アとイの面積比として、正しいのはどれか。

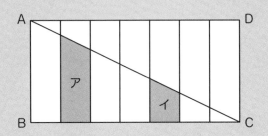

ア：イ
1　　5：2
2　　7：3
3　　9：4
4　　11：5
5　　13：6

　図のように、各点を E 〜 L とします。

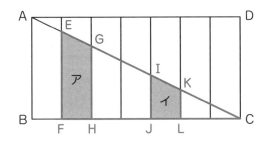

　縦の線はいずれも平行ですから、△ CKL ∽△ CIJ ∽△ CGH ∽△ CEF となり、相似比は次のようになります。

> CL：CJ：CH：CF
> の長さの比ですね。

　　　　　△ CKL　：　△ CIJ　：　△ CGH　：　△ CEF
相似比　　　2　：　　3　：　　5　：　　6

また、面積の比は、相似比の 2 乗ですから、次のようになります。

$$\triangle \text{CKL} \quad : \quad \triangle \text{CIJ} \quad : \quad \triangle \text{CGH} \quad : \quad \triangle \text{CEF}$$

面積比 　　4 　:　　 9 　:　　 25 　:　　 36

そうすると、ア = $\triangle$ CEF − $\triangle$ CGH、イ = $\triangle$ CIJ − $\triangle$ CKL ですから、それぞれの面積の比は次のようになります。

ア：イ = (36 − 25)：(9 − 4) = 11：5

よって、肢 4 が正解です。

面積比と体積比
面積比 → 相似比の 2 乗
体積比 → 相似比の 3 乗

正解 ▶ 4

No. 153 側面の最短経路 ▶ 特別区経験者採用 ▶ 2017

次の図のように、底面の半径が5cm、母線が30cm
の円すいがある。底面の円周上の点 A から、円すい
の側面上を最短経路で1周して点 A に戻るとき、経
路の長さはどれか。

1 $15\sqrt{2}$ cm

2 25cm

3 $15\sqrt{3}$ cm

4 30cm

5 $20\sqrt{3}$ cm

立体の表面上での最短距離は、展開図上での直線距離になります。

これより、円すいの頂点を O として、側面を母線 OA から展開すると、図1
のような、おうぎ形になり、半径は母線の長さである30cmになります。

また、図の $\overset{\frown}{AA'}$ の長さは、円すいの底面の周の
長さと等しいので、$2\pi \times 5 = 10\pi$（cm）となり、
これは、半径30cmの円の周の長さ＝$2\pi \times 30 =$
60π（cm）の $\frac{1}{6}$ に当たります。

> $\overset{\frown}{AA'}$ は、底面の周と重なっ
> ていたわけですからね。
> 円周の長さは、$2\pi r$（rは
> 半径）で求められます。

そうすると、図のおうぎ形は、円全体の $\frac{1}{6}$ となりますので、中心角は
$360° \times \frac{1}{6} = 60°$ と分かります。

図1

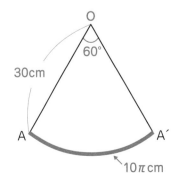

これより、図2のように、A と A´ を結んで、三角形
OAA´ を作ると、この三角形は、頂角 60°の二等辺三角
形ですから、図のようにすべての内角は 60°で、正三角
形となり、AA´ = 30cm と分かります。

この、線分 AA´ が、
求める最短経路に
なります。

図2

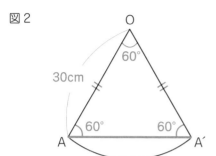

　よって、最短経路の長さは 30cm で、肢 4 が正解です。

正 解 ▶ 4

▶ 川崎市職務経験者   ▶ 2017

平らな面の上に置かれた、円柱状の容器に水が入っており、ゴム製のボールが体積の2割だけ水面から出るように浮いている。ここから、ボールを取り出すと、水面が1cm下がった。容器の底面積が40cm²であるとすると、ボールの体積はどれか。

1   33cm³
2   36cm³
3   40cm³
4   46cm³
5   50cm³

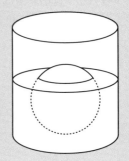

ボールを取り出す前後の容器の様子を図のように表すと、水の体積（図のグレーの部分）は等しいので、ボールの水に浸かっている部分（図のア）の体積と、水面が下がった部分（図のイ）の体積は等しいと分かります。

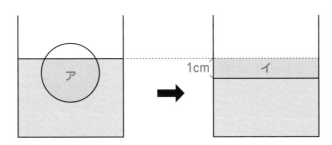

図のイの部分の体積は、<u>40 × 1 = 40（cm³）</u>ですから、アの体積も40cm³で、これは、<u>ボールの体積の8割に当たります</u>ので、<u>ボールの体積× 0.8 = 40</u>より、ボールの体積は、40 ÷ 0.8 = 50（cm³）と分かります。

よって、肢5が正解です。

✎ 円柱・角柱の体積
底面積×高さ

水面から出ている2割を除いた部分です。

正解 ▶ 5

図の立方体 ABCD － EFGH から、B を含む四面体 BAFC、D を含む四面体 DACH、E を含む四面体 EAFH を取り除く。残った立体を、点 C, F, H を通る平面で切断すると、四面体 ACFH と四面体 GCFH ができるが、この２つの立体の体積の比はいくらか。

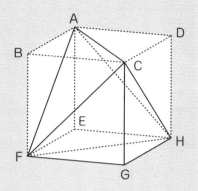

	ACFH		GCFH
1	3	:	2
2	2	:	1
3	5	:	2
4	3	:	1
5	4	:	1

立方体から取り除かれた３つの四面体は、いずれも合同な立体ですから、その１つの体積を確認します。

たとえば、四面体 BAFC について、三角形 ABC を底面とすると、高さ BF の三角すいとなり、立方体の１辺を１とすると、体積は次のようになります。

> 逆さまにしてみましょう！

（△ABC）　　（BF）

$$1 \times 1 \times \frac{1}{2} \times 1 \times \frac{1}{3} = \frac{1}{6}$$

📝 **円すい・角すいの体積**
底面積×高さ× $\frac{1}{3}$

そうすると、立方体の体積は、$1^3 = 1$ ですから、ここから、体積 $\frac{1}{6}$ の立体を３つ取り除いた残りは、$1 - \frac{1}{6} \times 3 = \frac{1}{2}$ となります。

また、四面体 GCFH も、取り除かれた四面体と合同な立体ですから、残りの立体からこれを除いた四面体 ACFH の体積は、$\frac{1}{2} - \frac{1}{6} = \frac{3-1}{6} = \frac{1}{3}$

となり、四面体 ACFH と四面体 GCFH の体積比は、$\frac{1}{3} : \frac{1}{6} = 2 : 1$ で、肢２が正解です。

正解 ▶ 2

資料解釈

A ～ E の 5 つの都市があり、北から A ～ E の順に位置している。表は、この 5 都市のうちの 2 都市間の距離を示したものであり、たとえば、A と C の距離は 160km である。

A				
	B			
160		C		
	140		D	
		90	70	E

このとき、A と B の間の距離はいくらか。

1　20km
2　30km
3　40km
4　50km

表より、A ～ E の各都市間の距離を図にすると、次のようになります。

> 資料解釈では、特に必要ない限り、解説では単位を省略します。

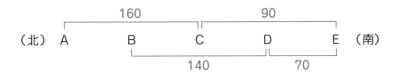

これより、AE 間の距離は、160 + 90 = 250、BE 間の距離は、140 + 70 = 210 となり、AB 間の距離は、250 − 210 = 40 と分かります。
　よって、肢 3 が正解です。

正解 ▶ 3

　ある市では、北部と南部の地域に分かれており、表は、それぞれの地域の医療機関に入院する患者について、居住地域別に人数をまとめたものである。これについての記述ア、イの正誤の組合せを正しく示しているのはどれか。

（人）

	居住地域		
	北部	南部	市外
北部の医療機関	1655	333	205
南部の医療機関	219	914	183

ア　北部と南部それぞれの医療機関に入院する患者のうち、居住地域が市外である患者の割合は、南部より北部のほうが高い。

イ　それぞれの医療機関に入院する患者のうち、自身の居住地域にある医療機関に入院する患者の数は、北部と南部を合わせると 2500 人を超える。

```
　　 ア　　 イ
1　 正　　 正
2　 正　　 誤
3　 誤　　 正
4　 誤　　 誤
```

ア　北部の患者数は、1655 + 333 + 205 = 2193 で、このうち市外の患者数は 205 ですから、1 割に及びません。

> 計算はざっくりで OK！大体 2,000 ちょいかな？で十分判断できますね。

　一方、南部の患者数は 219 + 914 + 183 = 1316 で、そのうち市外の患者数は 183 ですから、1 割を大きく超えます。

　よって、南部のほうが高く、アは誤です。

イ　北部に入院する北部の居住者は 1655、南部に入院する南部の居住者は 914 ですから、合計で 1655 + 914 = 2569 となり、2500 を超えます。

　よって、イは正です。

　以上より、正解は肢 3 です。

正 解 ▶ 3

第3部　資料解釈

実数のデータ

福岡県職務経験者　　2017

図は、ある都市の新規に供給されたオフィスビルの年間の総延べ床面積と棟数の推移を示したものである。この図から確実にいえることは次のうちどれか。

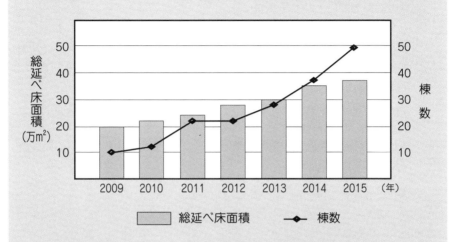

1　2015年の新規供給オフィスビルの総延べ床面積の対前年増加率は、2014年の新規供給オフィスビルの総延べ床面積の対前年増加率より大きい。

2　2010年の新規供給オフィスビルの総延べ床面積の対前年増加率は、2010年の新規供給オフィスビルの棟数の対前年増加率より大きい。

3　2009年の新規供給オフィスビル1棟当たりの平均延べ床面積は、約5,000m² である。

4　2012年の新規供給オフィスビル1棟当たりの平均延べ床面積は、2011年のそれより大きい。

5　2015年の新規供給オフィスビル1棟当たりの平均延べ床面積は、2009年から2014年までのいずれの年と比べても大きい。

肢1　総延べ床面積は、13年 → 14年が約30 → 35で1割以上増加していますが、14年 → 15年は約35 → 37で1割まで増加していません。
　　　よって、対前年増加率は、14年のほうが大きいです。

肢2　09年 → 10年の総延べ床面積は、約20 → 22で約1割増加していますが、棟数のそれは、10 → 12で2割増加しています。
　　　よって、対前年増加率は、棟数の方が大きいです。

肢 3　09 年の棟数は 10 棟で、総延べ床面積は約 20 万 m² ですから、1 棟当たり平均で約 2 万 m² となります。

肢 4　11 年と 12 年では、棟数は同じですが、総延べ床面積は 11 年 ＜ 12 年ですから、1 棟当たり平均延べ床面積も、11 年 ＜ 12 年となります。
　　　よって、本肢は確実にいえます。

肢 5　15 年の棟数は 50 近くありますが、総延べ床面積は約 37 万 m² で、1 棟当たり平均で 1 万 m² にも及びません。
　　　しかし、たとえば、09 年の 1 棟当たり平均は約 2 万 m² あり、最も大きいのは 15 年ではありません。

正 解 ▶ 4

図はある国の自動車リコールについて届出件数及び対象台数の推移を示したものである。この図に関する次の記述の　ア　～　ウ　について、すべて正しいのはどれか。

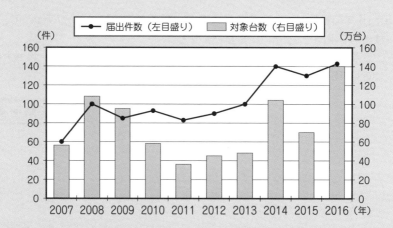

凡例：
- ━●━ 届出件数（左目盛り）
- ▨ 対象台数（右目盛り）

・2007 ～ 2016 年の対象台数の合計は 800 万台を　ア　。
・2008 年と 2014 年の届出件数の対前年増加率を比較すると、　イ　のほうが大きい。
・2007 ～ 2016 年のうち、届出件数 1 件当たり対象台数が 1 万台を超えた年は　ウ　回あった。

	ア	イ	ウ
1	超えている	2008 年	1
2	超えている	2014 年	3
3	下回っている	2008 年	1
4	下回っている	2008 年	2
5	下回っている	2014 年	3

ア　対象台数の 10 年間の合計が 800 ということは、平均 80 ですから、これを基準に過不足を確認します。

　　80 を超えているのは、2008，2009，2014，

🔔 ここがPOINT
グラフの 80 の線に太線を引くと分かりやすいですよ。

2016 年の 4 回で、超過分をざっくり計算
すると、130 程度です。

しかし、その他の年の不足分を見ると、
2007, 2010 年は 20 以上、2011 年は 40
以上、2012, 2013 年は 30 以上で、この 5 回だけでも 140 以上不足しており、
超過分を上回ります。

よって、平均 80 に及ばず、合計 800 を下回りますので、アは「下回って
いる」となります。

> 2008 年は 30 弱、2009 年は
> 15 程度、2014 年は 25 程度、
> 2016 年は約 60 ですね。

イ　届出件数の 2007 年 → 2008 年は約 60 → 100 で、約 40 増加しており、
増加率は $\frac{40}{60} \fallingdotseq 66\%$ 程度です。

一方、2013 年 → 2014 年は約 100 → 140
で、増加率は約 40％です。

よって、増加率は 2008 年のほうが大きく、
イは「2008 年」となります。

🛈 ここが POINT

増加数は同じ約 40 ですが、
2008 年のほうが前年の数
が小さいので、増加率は大
きくなりますね。

ウ　たとえば、2007 年について見ると、届け出件数が約 60 に対して対象台
数は 60 万台に及びませんので、1 件当たり 1 万台に及びません。

これより、1 件当たり 1 万台を超えるのは、折れ線グラフより棒グラフの
ほうが高い年と判断でき、このような年は 2008 年と 2009 年の 2 回です。

よって、ウは「2」となります。

以上より、肢 4 が正解です。

正解 ▶ 4

第 3 部　資料解釈

　ある市は、A，B，C の 3 つの地域からなる。図は、各地域の 1995 年から 2015 年まで 5 年ごとの人口、世帯数の推移を示したものであるが、ここから確実にいえるのはどれか。ただし、平均世帯人員とは、人口を世帯数で割った値である。

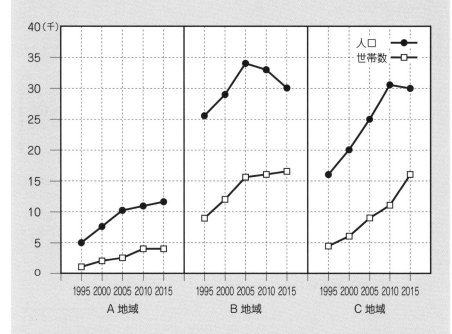

1　B 地域の人口は、いずれの調査年においても A 地域の 3 倍以上である。
2　いずれの地域も、2015 年の人口は 1995 年の 2 倍以上である。
3　この市の総人口は、2000 年以降いずれの調査年も 5 年前より増加している。
4　2015 年の平均世帯人員が最も多いのは C である。
5　いずれの地域も、2005 年と 2015 年の平均世帯人員を比べると、2015 年の方が少ない。

肢 1　15 年の A の人口は約 11.5 ですが、B の人口は約 30 で、3 倍に及びません。

肢 2　B の 95 年の人口は約 25.5、15 年の人口は約 30 で、2 倍に及びません。

肢3　10 年→ 15 年で、A の人口は 0.5 ほど増加していますが、B では 3.0 ほど減少しており、C でも減少していますので、15 年の市の総人口は 10 年より減少しています。

肢4　15 年の C の人口は約 30 で、世帯数は約 16 ですから、平均世帯人員は、30 ÷ 16 で、これは 2 に及びません。
　　　一方、同年の A の人口は約 11.5、世帯数は約 4 で、平均世帯人員は、11.5 ÷ 4 で、3 近くになります。
　　　よって、最も多いのは C ではありません。

肢5　A の 05 年の人口は約 10.5、世帯数は約 2.5 ですから、平均世帯人員は、10.5 ÷ 2.5 で、4 を超えますが、15 年のそれは、肢 4 より、3 に及びません。
　　　また、B の 05 年→ 15 年は、人口は減少し、世帯数は増加していますので、平均世帯人員は減少しています。
　　　さらに、C の 05 年も、25 ÷ 9 より、2 を超えますが、15 年は、肢 4 より、2 に及びません。
　　　よって、いずれの地域も、平均世帯人員は 05 年＞ 15 年で、本肢は確実にいえます。

正解 ▶ 5

　図は、土産店における、ある年の1月～12月の間の購入者数と土産物の売上個数を示したものであるが、これから確実にいえるのはどれか。

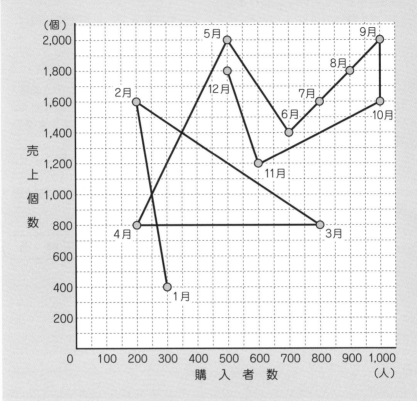

1　2月～12月のうち、前月からの売上個数の増加率が最も大きいのは5月であった。

2　2月～12月のうち、購入者数が前月より減少したのは3回であった。

3　7月, 8月, 9月は、購入者1人当たりの売上個数が、いずれも前月より増加していた。

4　売上個数が連続して1,600個以上となっていた期間は、最長で5か月間であった。

5　11月及び12月は、購入者1人当たりの売上個数が、いずれも前月より増加していた。

肢1　4月→5月の売上個数は、800 → 2,000 で 2.5 倍になっています。一方、1月→2月のそれは、400 → 1,600 で 4 倍ですから、増加率は 5 月＜ 2 月となり、最も大きいのは 5 月ではありません。

肢2　購入者数が前月より減少したのは、2月，4月，11月，12月の 4 回です。

肢3　6〜9月の、購入者 1 人当たりの売上個数は、次のようにいずれも同じです。

6 月　$\dfrac{1400}{700} = 2$　　　7 月　$\dfrac{1600}{800} = 2$

8 月　$\dfrac{1800}{900} = 2$　　　9 月　$\dfrac{2000}{1000} = 2$

> 6〜9月のグラフは、原点を通る直線、つまり、比例のグラフですね。

肢4　売上個数が連続して 1,600 以上となったのは、7〜10月の 4 か月間です。

肢5　10〜12月の、購入者 1 人当たりの売上個数は、次のように、10 月＜ 11 月＜ 12 月と分かり、本肢は確実にいえます。

10 月　$\dfrac{1600}{1000} = 1.6$　　11 月　$\dfrac{1200}{600} = 2$　　12 月　$\dfrac{1800}{500} = 3.6$

正 解 ▶ 5

次の表から確実にいえるのはどれか。

容器包装リサイクル法に基づく分別収集の実績量の推移

(単位　t)

区分	平成24年度	25	26	27	28
プラスチック製容器包装	727,238	734,063	730,990	745,508	738,888
段 ボ ー ル 製 容 器	604,528	610,129	586,681	591,863	573,348
無 色 の ガ ラ ス 製 容 器	315,630	325,149	319,152	321,138	310,900
ペ ッ ト ボ ト ル	299,241	301,787	292,375	292,881	298,466
ス チ ー ル 製 容 器	207,845	193,804	179,012	164,153	155,400
ア ル ミ 製 容 器	130,353	130,681	128,248	131,342	134,643

1　表中の各年度のうち、プラスチック製容器包装の分別収集の実績量とアルミ製容器の分別収集の実績量との差が最も大きいのは、平成24年度である。

2　平成25年度から平成28年度までの各年度のうち、スチール製容器の分別収集の実績量の対前年度減少率が最も小さいのは、平成27年度である。

3　平成26年度において、段ボール製容器の分別収集の実績量の対前年度減少量は、アルミ製容器のそれの10倍を上回っている。

4　平成27年度における無色のガラス製容器の分別収集の実績量を100としたときの平成28年度におけるそれの指数は、98を下回っている。

5　平成28年度におけるプラスチック製容器包装の分別収集の実績量に対するペットボトルの分別収集の実績量の比率は、前年度におけるそれを下回っている。

肢1　24年のプラスチックは727,238、アルミは130,353で、その差は600,000に及びませんが、その他の年はいずれも差が600,000以上あり、24年の差が最も小さいです。

肢2　スチールの26年→27年は、179,012→164,153で、15,000近く減少しており、減少率は8％程度です。
　　　一方、27年→28年は、164,153→155,400で、9,000まで減少し

ておらず、減少率は 5 ～ 6% です。
　　よって、対前年度減少率は、28 年のほうが小さいです。

肢3　段ボールとアルミの 25 年→ 26 年の減少量を計算すると、次のように
　　なります。

　　　　段ボール　610,129 － 586,681 ＝ 23,448
　　　　アルミ　　 130,681 － 128,248 ＝ 2,433

　　よって、段ボールはアルミの 10 倍を上回ってはいません。

肢4　無色のガラスの 27 年 → 28 年は、321,138 → 310,900 で、10,000 以
　　上減少しており、これは 321,138 の 2% 以上です。これより、27 年を
　　100 とした 28 年の指数は 98 を下回り、本肢は確実にいえます。

肢5　27 年と 28 年の、プラスチックに対するペットボトルの比率を比較する
　　と、次のようになります。

　　　27 年　$\dfrac{292,881}{745,508}$　　　28 年　$\dfrac{298,466}{738,888}$

　　28 年のほうが、分子が大きく分母が小さいので、分数の値は大きいこ
　　とが分かります。よって、28 年は 27 年を下回っていません。

正 解 ▶ 4

　表は、ある国における主要建設資材（セメント, 生コンクリート, 木材, 鋼材）の出荷量の推移を示したものである。これから確実にいえるのはどれか。

	セメント（千 t）	生コンクリート（千 m³）	木材（千 m³）	鋼材（千 t）
平成 17 年度	59,089	121,549	13,161	24,703
18	58,985	121,903	12,791	25,781
19	55,506	111,881	11,912	24,984
20	50,087	101,009	10,809	21,240
21	42,732	86,030	9,282	17,384
22	41,614	85,278	9,498	18,473
23	42,650	87,964	9,217	19,243
24	44,577	92,099	9,380	20,604
25	47,705	98,850	10,232	21,920
26	45,551	94,014	9,249	21,071

1　平成 17 ～ 26 年度のうち、ちょうど二つの年度で、生コンクリートの出荷量が木材の出荷量の 10 倍を上回った。

2　平成 18 ～ 26 年度のうち、ちょうど三つの年度で、全ての主要建設資材の出荷量が前年度より減少した。

3　平成 18 ～ 26 年度のうち、ちょうど四つの年度で、木材の出荷量が前年度より増加した。

4　平成 20 ～ 26 年度のうち、生コンクリートの出荷量の対前年度増加率が最も大きいのは、平成 25 年度である。

5　平成 26 年度についてみると、セメントの出荷量の対前年度減少率は、木材の出荷量の対前年度減少率を上回っている。

肢 1　生コンクリートが木材の 10 倍を上回った年度は、26 年度の一つだけです。

肢2　全てが前年度より減少した年度は、19，20，21，26年度の四つです。

肢3　木材が前年度より増加した年度は、22，24，25年度の三つです。

肢4　20〜26年度で、生コンクリートが前年より増加したのは、23，24，25年度の三つですが、22→23年度は、85,278→87,964で、増加数は3,000に足りず、23→24年度は、87,964→92,099で、増加数は4000強ですから、いずれも増加率は5％に及びません。

　一方、24→25年度は、92,099→98,850で、増加数は6,000を超え、増加率は5％を上回ります。

　よって、対前年度増加率が最も大きいのは25年度で、本肢は確実にいえます。

　尚、計算すると次のようになります。

$$23年度 \quad \frac{87964 - 85278}{85278} \times 100 = \frac{2686}{85278} \times 100 \fallingdotseq 3.1（\%）$$

$$24年度 \quad \frac{92099 - 87964}{87964} \times 100 = \frac{4135}{87964} \times 100 \fallingdotseq 4.7（\%）$$

$$25年度 \quad \frac{98850 - 92099}{92099} \times 100 = \frac{6751}{92099} \times 100 \fallingdotseq 7.3（\%）$$

肢5　25→26年度で、セメントは、47,705→45,551で、減少数は2,000強ですから、減少率は5％程度です。一方、木材のそれは、10,232→9,249で、減少数は1,000弱ですから、減少率は10％近くになります。

　よって、対前年度減少率は、セメント＜木材です。

　尚、計算すると次のようになります。

$$セメント \quad \frac{47705 - 45551}{47705} \times 100 = \frac{2154}{47705} \times 100 \fallingdotseq 4.5（\%）$$

$$木材 \quad \frac{10232 - 9249}{10232} \times 100 = \frac{983}{10232} \times 100 = 9.6（\%）$$

正解 ▶ 4

　表は、A〜Fの6か国の65歳以上の就業者数と就業率（65歳以上人口に占める就業者の割合）を示したものである。これに関するア〜エの記述のうち妥当なものが2つあるが、それを正しく組み合わせたのはどれか。

国名	就業者数（万人）	就業率（%）		
		男女計	男性	女性
A	401	14.5	19.1	11.1
B	62	3.4	5.1	2.2
C	175	29.8	41.0	22.2
D	130	6.3	9.0	4.3
E	31	1.3	1.7	1.0
F	305	19.4	28.7	12.6

ア　6か国のうち、65歳以上の女性の就業率が男性の就業率の半数以下である国が2か国ある。

イ　6か国を比較すると、65歳以上の男女計の就業率が高い国ほど女性の就業率も高くなっている。

ウ　Aの65歳以上の就業者数は6か国の合計の40%を超えている。

エ　Fの65歳以上人口は1500万人を超える。

1　ア　ウ
2　ア　エ
3　イ　ウ
4　イ　エ
5　ウ　エ

ア　女性の就業率が男性の半数以下の国を探すと、B，D，Fの3か国があります。

イ　男女計の就業率と、女性の就業率を高い順に並べると、いずれも、C → F → A → D → B → E となり、男女計が高いほど女性も高くなっているといえます。

ウ　Aが40%を超える場合、A以外の合計は60%より小さくなります。Aの就業者数は401ですから、A以外の合計が600に足りない程度であれば可能性がありますね。

しかし、A以外の就業者数をざっくりと合計すると700程度になりますので、Aが40%を超えることはありません。

> 600を軽く超えると分かれば十分ですね。

計算すると、次のようになります。

6か国の合計　401 ＋ 62 ＋ 175 ＋ 130 ＋ 31 ＋ 305 ＝ 1104
Aの割合　　　401 ÷ 1104 ≒ 0.363（＝ 36.3%）

エ　65歳以上人口 × 就業率 ＝ 就業者数ですから、$65歳以上人口 = \dfrac{就業者数}{就業率}$

で求められます。

これより、Fの $65歳以上人口 = \dfrac{305}{0.194}$ となり、これは1500を超えると分かります。

> $\dfrac{300}{0.2} = 1500$ですが、これより分子が大きく分母が小さいので、明らかに1500を超えますね。

以上より、妥当なのは、イとエで、肢4が正解です。

正解 ▶ 4

表Ⅰ，Ⅱは、1か月の読書量等に関する調査結果を示したものであるが、これから確実にいえるのはどれか。なお、表Ⅱは2013年の調査結果のみが示されている。

表Ⅰ
1か月に1冊も本を読まない人の割合
(%)

調査年 年齢階級	2002	2008	2013
16～19歳	34.8	47.2	42.7
20歳代	31.3	38.0	40.5
30歳代	29.6	42.4	45.5
40歳代	28.5	38.9	40.7
50歳代	39.0	38.8	44.3
60歳代	44.4	50.0	47.8
70歳以上	51.3	60.7	59.6

表Ⅱ
今後読書量を増やしたいと思わない人の割合（2013年）（%）

性別 年齢階級	男	女
16～19歳	13.6	28.9
20歳代	11.2	29.7
30歳代	16.0	23.8
40歳代	11.1	30.8
50歳代	22.4	27.4
60歳代	31.2	51.5
70歳以上	54.6	63.5

1 三つの調査年の間の変化をみると、20歳代以上の各年齢階級について、1か月に1冊も本を読まない人の割合は一貫して増大した。

2 三つの調査年のいずれにおいても、1か月に1冊も本を読まない人の割合が最大の年齢階級は70歳以上であり、最小の年齢階級は40歳代であった。

3 2013年において、1か月に1冊も本を読まない人のうち、70歳以上の年齢階級には、今後読書量を増やしたいと思わない人がいる。

4 2013年において、1か月に1冊も本を読まない人の割合が最大の年齢階級と、今後読書量を増やしたいと思わない人の割合が最小の年齢階級は一致する。

5 2013年において、今後読書量を増やしたいと思わない人の割合の男女差が最大の年齢階級は40歳代で、その男女差は19.7%ポイントであった。

肢1 50歳代の02年→08年、60歳代と70歳以上の08年→13年は、減少しています。

肢2　08年と13年の最小は、20歳代です。

肢3　13年の70歳以上で、1冊も本を読まない人は
59.6％で、読書量を増やしたいと思わない人は、
最小でも54.6％ですから、合わせると100％を
超えるので、この両方に該当する人は必ずいます。
　　よって、本肢は確実にいえます。

> ❶ここがPOINT
>
> 表Ⅱについて、男女
> 比は不明ですが、男
> 女計の割合が54.6
> ～63.5％の範囲にな
> ることは分かります。

肢4　1冊も本を読まない人の割合が最大なのは70歳以上ですが、読書量を
増やしたいと思わない人の割合が最小なのは、明らかに70歳以上ではあ
りません。

肢5　40歳代の男女差は、30.8 − 11.1 ＝ 19.7％ポイントですが、60歳代
のそれは、51.5 − 31.2 ＝ 20.3％ポイントで、最大なのは40歳代ではあ
りません。

正　解 ▶ 3

　図は、1960年及び2011年の我が国の輸出額及び輸入額に占める地域別割合を示したものであり、矢印の線の起点は1960年、終点は2011年の数値である。また、表はそれぞれの時点での輸出額及び輸入額を示している。これから確実にいえるのはどれか。

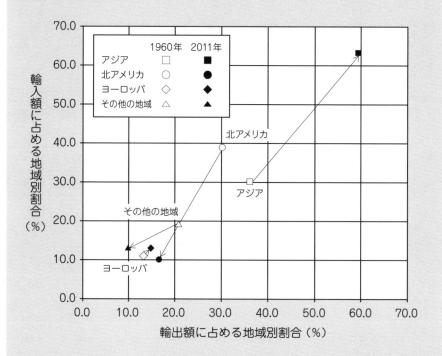

	1960年	2011年
輸出額	14,596億円	655,465億円
輸入額	16,168億円	681,112億円

1　アジアからの輸入額は1960年から2011年で80倍以上になっている。
2　2011年のアジアへの輸出額は、同年のアジアからの輸入額よりも多い。
3　2011年のアジアからの輸入額は、同年の北アメリカからの輸入額の約3倍である。

4　1960年のヨーロッパへの輸出額は、同年の「その他の地域」への輸出額よりも多い。

5　2011年の輸入額をみると、図の4地域のうちでは、「その他の地域」からの輸入額が最も少ない。

肢1　1960年→2011年で、輸入額は、16,168→681,112で、40倍以上になっています。

　　また、輸入額に占めるアジアの割合については、30.0％→約63％で、2倍以上になっています。

　　そうすると、アジアからの輸入額は、輸入額×アジアの割合ですから、40 × 2 ＝ 80（倍）以上となり、本肢は確実にいえます。

肢2　2011年は、輸出額は655,465、輸入額は681,112で、輸出額＜輸入額です。

　　また、それぞれに占めるアジアの割合は、輸出が60％弱で、輸入が約63％ですから、輸出に占める割合＜輸入に占める割合となり、これより、アジアへの輸出額＜アジアからの輸入額と分かります。

肢3　2011年の輸入額に占める割合は、アジアが約63％、北アメリカは約10％ですから、アジアからの輸入額は北アメリカからの輸入額の6倍を超えます。

❗ここがPOINT
同じ輸入額に対する割合なので、割合が3倍なら、輸入額も3倍と判断できます。

肢4　1960年の輸出額に占める割合は、ヨーロッパが約13％、「その他の地域」は20％強ですから、ヨーロッパへの輸出額＜「その他の地域」への輸出額となります。

肢5　2011年の輸入額に占める割合が最も小さいのは北アメリカですから、輸入額が最も少ないのも北アメリカです。

正解 ▶ 1

第3部　資料解釈

表は、A～Eの5か国の社会保障給付費の金額等を示したものである。次の
ア～エのうち、この表からいえることとして正しいものが2つあるが、その組
合せを正しく示したのはどれか。

国名	社会保障給付費 （百万ドル）	人口1人当たり 社会保障給付費 （ドル／人）	社会保障給付費の 国内総生産に対する 割合　　　（％）
A	53,912	368	2.6
B	36,990	292	1.1
C	36,709	30	5.4
D	36,613	624	2.1
E	13,454	303	10.7

ア　A国の社会保障給付費の金額は、E国の5倍以上である。
イ　人口が最も多いのはC国である。
ウ　D国の国内総生産は、E国の10倍以上である。
エ　B国とC国の人口1人当たりの国内総生産を比べると、C国のほうが大
　　きい。

1　ア　ウ　　　2　ア　エ　　　3　イ　ウ　　　4　イ　エ　　　5　ウ　エ

　表中の各項目を次のようにします。

　　　社会保障給付費　→　P
　　　人口1人当たり社会保障給付費　→　Q
　　　社会保障給付費の国内総生産に対する割合　→　R

ア　E国のPは13,454で、これの5倍は60,000を超えます。しかし、A国
　　のそれは53,912ですから、5倍に及びません。

イ 「P÷人口＝Q」より、「人口＝P÷Q」
となります。

これより、C国のP÷Qは、36,709÷
30で、これは1,200を超えます。

しかし、他に1,000を超えるような国は
ありませんので、人口が最も多いのはC国
で、正しくいえます。

単位については、36,709（百万
ドル）÷30（ドル／人）ですから、
1200（百万人）となりますが、
各国の比較だけですから、単位
は無視してOKです！

ウ 「国内総生産×R＝P」より、「国内総生産＝P÷R」となります。

これより、D国のP÷Rは、36,613÷2.1で、これは17,000を超えま
すが、E国のそれは、13,454÷10.7で、これは1,300程度です。

よって、D国の国内総生産はE国の10倍以上で、正しくいえます。

エ 人口＝$\dfrac{P}{Q}$、国内総生産＝$\dfrac{P}{R}$より、「人口1人当たりの国内総生産」は
次のように表せます。

人口1人当たりの国内総生産

$$= \frac{国内総生産}{人口} = \frac{P}{R} \div \frac{P}{Q} = \frac{P}{R} \times \frac{Q}{P} = \frac{Q}{R}$$

これより、B国のQ÷Rは、292÷1.1で、C国のそれは、30÷5.4
ですから、明らかに、B国＞C国と分かります。

以上より、正しくいえるのは、イとウで、肢3が正解です。

正 解 ▶ 3

No.
168 割合のデータ　　　▶ 川崎市職務経験者　　▶ 2017

表は、A ～ C 国の二酸化炭素排出量について示したものである。次のア～エのうち、この表からいえることとして正しいものが 2 つあるが、その組合せを正しく示したのはどれか。

	二酸化炭素総排出量 (百万 t)		人口 1 人当たり 二酸化炭素排出量 (t / 人)		GDP に対する 二酸化炭素排出量 (kg/ 米ドル)	
	1990年	2014年	1990年	2014年	1990年	2014年
A 国	2,109	9,135	1.85	6.66	2.27	1.08
B 国	4,802	5,176	19.20	16.22	0.53	0.32
C 国	530	2,020	0.61	1.56	1.10	0.92

ア　総排出量について、2014 年の 1990 年に対する増加量が最も大きいのは A 国だが、増加率が最も大きいのも A 国である。
イ　2014 年の人口について、A 国は B 国より少ない。
ウ　C 国の GDP について、2014 年は 1990 年の約 2 倍である。
エ　2014 年の人口 1 人当たり GDP について、B 国は C 国より多い。

1　ア イ　　　2　ア ウ　　　3　ア エ　　　4　イ ウ　　　5　イ エ

表中の各項目を次のようにします。

　　二酸化炭素総排出量　→　P
　　人口 1 人当たり二酸化炭素排出量　→　Q
　　GDP に対する二酸化炭素排出量　→　R

ア　90 年→ 14 年の P について、A 国は、2,109 → 9,135 で、7,000 以上増加しており、他にこのような国はありませんので、増加量が最も大きいのは A 国です。
　　また、増加率について、90 年に対する 14 年の比率を見ると、A 国は、2,109 → 9,135 で 4 倍以上になっていますが、B 国のそれは、4,802 → 5,176 で、1.1

> この比率が大きいと、増加率も大きいと分かります。

306

倍にも及ばず、C国についても、530 → 2,020で、4倍に及びませんので、増加率が最も大きいのもA国で、正しくいえます。

イ 「人口＝P÷Q」より、A国の14年の人口は、9,135 ÷ 6.66、B国のそれは、5,176 ÷ 16.22となり、明らかにA国＞B国と分かります。

> No.167にもありましたね。

> 割られる数はA国のほうが大きく、割る数はB国のほうが大きいですからね。

ウ 「GDP × R ＝ P」より、「GDP ＝ P ÷ R」となります。

　これより、C国の90年のP÷Rは、530 ÷ 1.10で、これは500に足りません。一方、14年のそれは、2,020 ÷ 0.92で、これは2,000を超えます。よって、14年は90年の4倍以上あり、約2倍とはいえません。

エ 人口＝$\dfrac{P}{Q}$、GDP ＝ $\dfrac{P}{R}$ より、「人口1人当たりのGDP」は次のように表せます。

　　　人口1人当たりのGDP

$$= \frac{\text{GDP}}{\text{人口}} = \frac{P}{R} \div \frac{P}{Q} = \frac{P}{R} \times \frac{Q}{P} = \frac{Q}{R}$$

　これより、B国の14年のQ÷Rは、16.22 ÷ 0.32、C国のそれは、1.56 ÷ 0.92で、明らかに、B国＞C国と分かり、正しくいえます。

　以上より、正しくいえるのはアとエで、肢3が正解です。

正 解 ▶ 3

次のグラフは、ある製品の輸出個数と輸出金額について、輸出先である A 〜 E の 5 か国の構成比を示したものである。この製品 1 個当たり輸出金額が B 国より大きい国はいくつあるか。

輸出個数

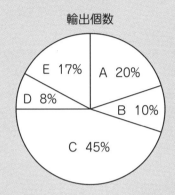

輸出金額

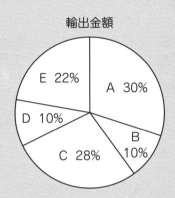

1　一つ
2　二つ
3　三つ
4　四つ

全体の輸出個数を X、輸出金額を Y とすると、B 国については、構成比がいずれも 10％ですので、1 個当たり輸出金額は、$\dfrac{Y \times 10\%}{X \times 10\%}$ となります。

同様に、B 国以外の 1 個当たり輸出金額を表すと、次のようになります。

A 国　$\dfrac{Y \times 30\%}{X \times 20\%}$　　C 国　$\dfrac{Y \times 28\%}{X \times 45\%}$　　D 国　$\dfrac{Y \times 10\%}{X \times 8\%}$　　E 国　$\dfrac{Y \times 22\%}{X \times 17\%}$

これより、A, D, E の 3 か国は、いずれも B 国より大きいと分かり、正解は肢 3 です。

！ここがPOINT

B 国はいずれも 10％なので、個数より金額の構成比が大きい国を選べばいいわけですね。

正解 ▶ 3

　総務部，営業部，製造部からなる会社がある。図は、この会社の 2010 年と 2015 年の各部の社員数の推移を示したものである。総務部の社員数が 2010 年と 2015 年で同じであったとすると、2010 年に対する 2015 年の社員数について正しいのはどれか。

2010 年	総務 20%	営業 40%	製造 40%

2015 年	総務 10%	営業 40%	製造 50%

1　会社全体では社員数は減少した。
2　製造部の社員数は 1.25 倍になった。
3　営業部の社員数は変わらないが、製造部の社員数は増加した。
4　営業部，製造部とも社員数は増加した。

　2010 年の全社員数を 100 とすると、各部の社員数は、総務部 20，営業部 40，製造部 40 と表せます。
　条件より、2015 年も総務部の社員数は 20 で、これが全社員数の 10% ですから、全社員数は、$20 \times \dfrac{100}{10} = 200$ と表せます。
　そうすると、2015 年の営業部の社員数は、$200 \times \dfrac{40}{100} = 80$、製造部の社員数は、$200 \times \dfrac{50}{100} = 100$ と表せ、これより、選択肢を検討します。

肢 1　会社全体で社員数は 100 → 200 で、2 倍に増加しています。
肢 2　製造部の社員数は、40 → 100 で、2.5 倍になっています。
肢 3　営業部の社員数は、40 → 80 で増加しています。
肢 4　営業部，製造部とも社員数は増加しており、本肢は正しくいえます。

第3部　資料解釈

正解 ▶ 4

図は、A〜D国の高校生と社会人を対象として、夏休みに読書や映画鑑賞を行ったかどうかを調査した結果である。これから確実にいえるのはどれか。

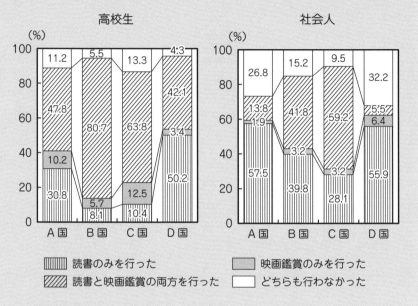

1 A国の高校生についてみると、映画鑑賞を行った者のうち、読書も行った者が占める割合は、8割以下である。
2 高校生と社会人を合わせると、読書と映画鑑賞の両方を行った者の割合は、B国が最大である。
3 映画鑑賞のみを行った社会人の人数についてみると、B国とC国は等しい。
4 読書を行った者の人数についてみると、D国では、社会人よりも高校生の方が多い。
5 映画鑑賞を行った者の割合についてみると、A〜D国のいずれも、社会人よりも高校生の方が高い。

4つの項目を以下のようにします。

読書のみ行った　→　①　　　　　映画鑑賞のみ行った　→　②
読書と映画鑑賞の両方を行った　→　③　　　どちらも行わなかった　→　④

肢1　A国の高校生で、②は10.2％、③は47.8％で、後者は前者の4倍以上ですから、両者の合計の80％以上となります。

> ちょうど4倍で、20％と80％ですから、4倍以上なら、両方を合わせたうちの80％以上ですね。

肢2　③は、高校生ではB国が最大ですが、社会人ではC国のほうが大きいです。各国の高校生と社会人の人数の割合は不明ですから、これによっては、C国のほうが大きくなる可能性があります。

❗ここがPOINT
> たとえば、B国、C国とも、高校生はほんのわずかで、圧倒的に社会人のほうが多ければ、高校生と社会人を合わせたデータは、社会人のデータに近くなりますね。

肢3　B国とC国の社会人の②の割合は同じですが、それぞれの国の社会人の人数は不明ですので、②の人数も判断できません。

肢4　D国の高校生と社会人の人数も不明ですので、肢3同様、判断できません。

肢5　②と③を合わせた数値をみると、いずれの国も、社会人より高校生のほうが明らかに高いです。
　　　よって、本肢は確実にいえます。

正解 ▶ 5

　図は、ある国における音楽ソフトの売上額の推移を、アナログディスク，カセットテープ，CD，配信の四つの媒体別に示したものである。これから確実にいえるのはどれか。

　なお、1988年及び1998年には配信の売上額はなく、1998年，2008年のアナログディスク及び2018年のカセットテープの売上額が四つの媒体の合計売上額に占める割合は、いずれも0.5％未満である。

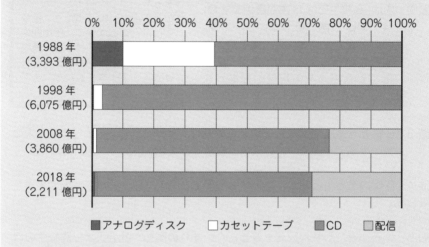

1　1988年におけるカセットテープの売上額は、1,500億円を上回っている。
2　1998年におけるCDの売上額は、2018年のそれの5倍を上回っている。
3　2008年に、音楽ソフトの配信での販売が始まった。
4　2008年におけるCDの売上額は、1988年におけるアナログディスクの売上額の10倍を上回っている。
5　2018年における配信の売上額は、2008年のそれを下回っている。

肢1　1988年の総額は3,393で、カセットテープの構成比は約30％ですから、売上は 1,000程度で、1,500を上回ることはありません。

肢2　2018年の総額は2,211で、CDの構成比は約70％ですから、売上は 1,500以上あります。そうすると、その5倍は7,500以上ですが、1998年は総額で6,075しかありませんので、2018年の5倍を上回ることはありません。

肢3　データに配信が反映されているのは 2008 年からですが、配信の販売が始まった年については不明です。

肢4　1988 年の総額は 3,393 で、アナログディスクの構成比は約 10％ですから、売上は 340 程度です。

一方、2008 年の総額は 3,860 で、CD の構成比は 75％強ですから、売上は 3,000 に及ばず、1988 年のアナログディスクの 10 倍を上回ることはありません。

> 75％ = $\frac{3}{4}$ ですから、3,860 × $\frac{3}{4}$ では 3,000 に及ばないと分かりますね。

肢5　2018 年の総額は 2,211 で、配信の構成比は 30％弱ですから、売上は 660 程度です。

一方、2008 年の総額は 3,860 で、配信の構成比は 20％を超えますので、売上は 700 を超えます。

よって、2018 年は 2008 年を下回ると分かり、本肢は確実にいえます。

正解 ▶ 5

次の図から正しくいえるのはどれか。

クレジットカード業における取扱高の会社系統別構成比の推移

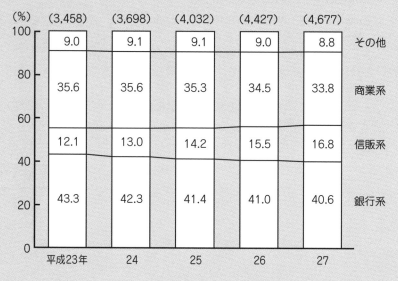

（注）（ ）内は、クレジットカード業における取扱高の合計（単位：百億円）を示す。

1　平成23年から26年までのクレジットカード業における取扱高を各年についてみると、銀行系に対する商業系の比率は、いずれの年も0.8を下回っている。

2　平成23年から27年までのうち、商業系のクレジットカード業における取扱高が最も多いのは27年であり、次に多いのは25年である。

3　平成24年から26年までの信販系のクレジットカード業における取扱高を各年についてみると、いずれの年も600百億円を下回っている。

4　平成24年のクレジットカード業における取扱高について会社系統別にみると、銀行系は信販系を1,000百億円以上、上回っている。

5　平成25年から27年までのうち、その他のクレジットカード業における取扱高が前年に比べて増加したのは25年のみである。

肢1　たとえば、25 年について見ると、銀行系は 41.4%
　　で、これの 0.8 倍は 33 程度です。そうすると、商業系
　　の 35.3% は、銀行系の 0.8 倍を上回ると分かります。

同じ合計額に
対する構成比
（割合）なので、
ここでも、構
成比だけで判
断できます。

　　　尚、計算すると次のようになり、23 年～ 26 年のい
　　ずれも 0.8 を上回っています。

$$23 年 \quad \frac{35.6}{43.3} ≒ 0.822 \qquad 24 年 \quad \frac{35.6}{42.3} ≒ 0.842$$

$$25 年 \quad \frac{35.3}{41.4} ≒ 0.853 \qquad 26 年 \quad \frac{34.5}{41.0} ≒ 0.841$$

肢2　商業系の 25 年と 26 年を比べると、合計額は、25 年 → 26 年で
　　4,032 → 4,427 となり、増加数は 400 弱で、増加率は 10% 弱です。
　　　一方、商業系の構成比は、25 年 → 26 年で、35.3 → 34.5 で、減少数は 0.8
　　ですから、減少率は 3% に足りません。
　　　そうすると、合計額 × 構成比については、25 年＜ 26 年と判断でき、
　　27 年、25 年の順ではありません。
　　　尚、計算すると次のようになり、多い順に、27 年, 26 年, 25 年, 24 年,
　　23 年となります。

　　　23 年　3458 × 0.356 ≒ 1231　　　24 年　3698 × 0.356 ≒ 1316
　　　25 年　4032 × 0.353 ≒ 1423　　　26 年　4427 × 0.345 ≒ 1527
　　　27 年　4677 × 0.338 ≒ 1581

肢3　26 年の信販系は、4,427 × 15.5% で、
　　600 を上回っています。

4000 × 0.15 ＝ 600 ですから、
明らかに上回ります。

肢4　24 年の銀行系と信販系の構成比の差は、
　　42.3 － 13.0 ＝ 29.3 ですから、取扱高の差は、
　　3,698 × 29.3% で、これは 1,000 を上回る
　　と判断でき、本肢は正しくいえます。

3600 × 0.3 ＝ 1080 で
すから、1,000 を上回る
のは間違いないでしょう。

　　　尚、計算して確認すると、次のようになります。

　　　3698 × 0.293 ≒ 1084

肢5　肢2と同様に考えると、その他の構成比も 9.1 → 9.0 とわずかな減少し
　　かありませんので、25 年＜ 26 年と判断でき、26 年も増加しています。

No.
174 構成比のデータ　　　▶ 東京都キャリア活用　　▶ 2020

次の表から正しくいえるのはどれか。

荒茶生産量（1府4県）の構成比の推移

（単位：%）

	2014年	2015年	2016年	2017年	2018年
静　岡　県	46.5	46.7	44.7	43.7	44.8
鹿児島県	34.5	33.3	35.9	37.8	37.7
三　重　県	9.5	10.0	9.3	8.7	8.3
宮　崎　県	5.4	5.3	5.5	5.3	5.1
京　都　府	4.1	4.7	4.6	4.5	4.1
合　　計	100.0 (71,260)	100.0 (68,140)	100.0 (68,620)	100.0 (70,460)	100.0 (74,610)

（注）（　）内の数値は荒茶生産量（1府4県）の合計（単位：t）を示す。

1　2014年から2018年までの静岡県の荒茶生産量についてみると、最も多いのは2014年であり、最も少ないのは2017年である。
2　2015年から2017年までの各年についてみると、鹿児島県の荒茶生産量と京都府の荒茶生産量との差は、いずれの年も22,000tを下回っている。
3　2015年における鹿児島県の荒茶生産量を100としたとき、2018年における鹿児島県の荒茶生産量の指数は、120を上回っている。
4　2017年についてみると、荒茶生産量の対前年増加率が最も大きいのは、宮崎県である。
5　2018年についてみると、三重県の荒茶生産量は、宮崎県の荒茶生産量の1.5倍を下回っている。

肢1　2014年と2018年を比べると、合計は 71,260 → 74,610 で、増加数は 3,350 ですから、5%近く増加しています。
　　　一方、静岡県の構成比は 46.5 → 44.8 で、1.7 減少しており、減少率は 3〜4% です。

316

そうすると、合計 × 構成比については、やや微妙ではありますが、2014 年 < 2018 年と判断していいでしょう。

計算すると、次のようになります。

2014 年　71260 × 46.5% ≒ 33136
2015 年　68140 × 46.7% ≒ 31821
2016 年　68620 × 44.7% ≒ 30673
2017 年　70460 × 43.7% ≒ 30791
2018 年　74610 × 44.8% ≒ 33425

> 合計の増加率と構成比の減少率がイーブンなら、「合計 × 構成比」は等しくなるというわけではありませんが、これである程度の判断はできます。ただ、微妙な場合は後回しにした方が賢明かもしれません。

肢 2　2017 年について、鹿児島県と京都府の構成比の差は 37.8 − 4.5 = 33.3 ですから、生産量の差は 70,460 × 33.3% で、これは 22,000 を上回ります。

> 33.3% ≒ $\frac{1}{3}$ ですが、70,000 の $\frac{1}{3}$ でも 22,000 を上回りますね。

肢 3　鹿児島県の 2015 年 → 2018 年の構成比は 33.3 → 37.7 で、増加数は 4.4 ですから、増加率は 13% 程度になります。

また、合計のそれは 68,140 → 74,610 で、増加数は 6,400 以上ですから、増加率は 10% 弱です。

そうすると、合計 × 構成比の増加率は 20% を上回ると判断できますので、2015 年を 100 とした指数で、2018 年は 120 を上回り、本肢は確実にいえます。

肢 4　宮崎県の 2016 年 → 2017 年は構成比が減少していますので、構成比が増加している鹿児島県と比較します。対前年増加率は、前年に対する比率が高いほど大きくなりますので、2016 年に対する 2017 年の比率を次のように表します。

宮崎県　$\dfrac{70,460 × 5.3\%}{68,620 × 5.5\%}$　　鹿児島県　$\dfrac{70,460 × 37.8\%}{68,620 × 35.9\%}$

分母の 68,620 と分子の 70,460 は共通ですから、構成比の部分だけで比較でき、宮崎県 < 鹿児島県と分かります。よって、対前年増加率が最も大きいのは宮崎県ではありません。

肢 5　2018 年の三重県の構成比は 8.3 で、宮崎県の 5.1 の 1.5 倍を上回ります。よって、同年の生産量も 1.5 倍を上回ります。

正解 ▶ 3

次の図から確実にいえるのはどれか。

65歳以上の者のいる世帯数及びその世帯構造別構成割合の推移

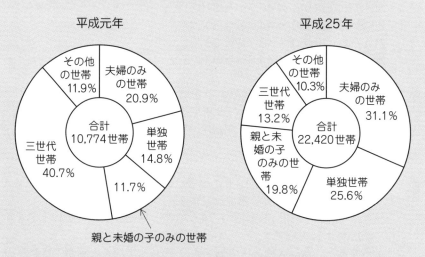

平成元年

その他の世帯 11.9%
夫婦のみの世帯 20.9%
合計 10,774世帯
三世代世帯 40.7%
単独世帯 14.8%
11.7%

↑ 親と未婚の子のみの世帯

平成25年

その他の世帯 10.3%
三世代世帯 13.2%
夫婦のみの世帯 31.1%
親と未婚の子のみの世帯 19.8%
合計 22,420世帯
単独世帯 25.6%

（注）「親と未婚の子のみの世帯」とは、「夫婦と未婚の子のみの世帯」「ひとり親と未婚の子のみの世帯」をいう。

1 平成25年の「夫婦のみの世帯」の世帯数は、平成元年のそれの3倍を下回っている。

2 「三世代世帯」の世帯数の平成元年に対する平成25年の減少率は、30%より大きい。

3 図中の各世帯構造のうち、平成元年に対する平成25年の65歳以上の者のいる世帯の増加数が最も大きいのは、「親と未婚の子のみの世帯」である。

4 平成元年の「三世代世帯」の世帯数を100としたときの平成25年のそれの指数は、40を下回っている。

5 「単独世帯」の世帯数の平成元年に対する平成25年の増加率は、「親と未婚の子のみの世帯」の世帯数のそれより小さい。

肢1 元年→25年で、世帯数の合計は 10,774 → 22,420 で、2倍以上になっています。また、「夫婦のみ」の割合は、20.9% → 31.1% で、約1.5倍で

すから、これらをかけた値は、3倍以上になると判断できます。

　尚、計算すると、次のようになります。

元年　　　10774 × 0.209 ≒ 2252　…①
25 年　　22420 × 0.311 ≒ 6973　…②
②÷①　6973 ÷ 2252 ≒ 3.1（倍）

肢2　本肢は、ざっくりとした計算では 30％より大きい
か分かりませんので、概算します。

　「三世代」の元年は、10,774 × 40.7％です
から、概算で、10,800 × 40.7％ ≒ 4396 程
度です。また、25 年は、22,420 × 13.2％で、
同様に、22,400 × 13.2％ ≒ 2957 程度です。
これより、前者を 4,400、後者を 2,960 として

減少率を計算すると、$\dfrac{4400 - 2960}{4400}$ × 100

= $\dfrac{1440}{4400}$ × 100 = 32.7（％）となり、30％

より大きいと判断でき、本肢は確実にいえます。

　尚、正確に計算すると、次のようになります。

元年　　　10774 × 0.407 ≒ 4385
25 年　　22420 × 0.132 ≒ 2959

減少率　$\dfrac{4385 - 2959}{4385}$ × 100 = $\dfrac{1426}{4385}$ × 100 ≒ 32.5（％）

> この時点で、後回しが賢明です。

> 概算は、頭から3桁を有効数字（4桁目を四捨五入）とすれば、誤差はわずかで済みます。ただし、算出した数字が 30％にかなり近ければ、きちんと計算し直したほうが無難（面倒なら後回し）です。

肢3　「親と未婚の子」をざっくり計算すると、元
年は 10,800 × 11.7％で、これは 1,200 強
と見られ、25 年は 22,400 × 19.8％で、これ
は 4,500 弱です。そうすると、増加数は 3,200
程度と推測できます。

　一方、「夫婦のみ」について見ると、元年は
10,774 × 20.9％で、これは 2,000 を超えます。
また、25 年は、肢1より、元年の3倍以上となりますので、元年の2倍
以上の増加数があったことになり、これは 4,000 を超えます。

　よって、増加数は、「親と未婚の子」＜「夫婦のみ」で、最も大きいのは
「親と未婚の子」ではありません。

> 11,000 × 11％ = 1,210
> からの推測です。

> 22,500 × 20％ = 4,500
> からの推測です。

尚、計算すると、次のようになります。

「親と未婚の子」　22420 × 0.198 − 10774 × 0.117 ≒ 4439 − 1261 = 3178
「夫婦のみ」　　　肢1より、6973 − 2252 = 4721

肢4　「三世代」が60%以上減少していれば、指数は40を下回りますが、肢2より、減少率は60%には及びません。

肢5　本肢もざっくりとした計算ではどちらが大きいか判断できませんので、概算します。
　　　「単独」の元年は、10774 × 14.8%ですから、概算で、10,800 × 14.8% ≒ 1,598 程度、25年は 22,420 × 25.6% ですから、概算で、22,400 ×

> 本肢も後回しが賢明ですが、肢2と肢5を共に後回しにすると、答えが出ません。そうすると、計算量の少ない肢3を概算して確認するか、とりあえず、パスして次の問題に進むことになるでしょう。
> ちなみに、特別区のこのタイプのグラフは、例年、難問が多いので注意しましょう！

25.6% ≒ 5,734 程度です。これより、前者を 1,600、後者を 5,730 として、増加率を計算すると、$\frac{5730 − 1600}{1600} × 100 = \frac{4130}{1600} × 100 ≒ 258（\%）$ となります。

　　　一方、「親と未婚の子」については、元年は 10,774 × 11.7% ですから、概算で 10,800 × 11.7% ≒ 1,264 程度で、25年は 22,420 × 19.8% ですから、概算で 22,400 × 19.8% ≒ 4,435 程度です。これより、前者を 1,260、後者を 4,440 として、増加率を計算すると、$\frac{4440 − 1260}{1260} × 100 = \frac{3180}{1260} × 100 ≒ 252（\%）$ となります。

　　　よって、わずかに、「単独」のほうが大きいと思われますが、やや微妙です。
　　　尚、正確に計算すると、次のようになります。

「単独」
　元年　　10774 × 0.148 ≒ 1595
　25年　　22420 × 0.256 ≒ 5740
　増加率　$\frac{5740 − 1595}{1595} × 100 = \frac{4145}{1595} × 100 ≒ 260（\%）$

「親と未婚の子」
　増加率　肢3より　$\frac{3178}{1261} × 100 ≒ 252（\%）$

正解 ▶ 2

No.
176 指数のデータ　　　▶社会人基礎試験　▶2017

　図は、2つのデパートA，Bの売上額の推移を、2014年を100とした指数で示したものである。2014年のデパートAの売上額は1億円、デパートBの売上額は2億円であったとき、2014年から2016年でAとBの売上額の合計が最大であった年と最小であった年を正しく組み合わせているのはどれか。

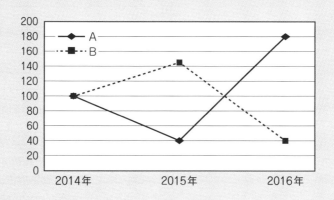

	最大	最小
1	2014年	2016年
2	2015年	2014年
3	2015年	2016年
4	2016年	2014年

　データは、2014年の売上額を100とした指数なので、2015年，2016年の売上額は、2014年に対して、Aは40%, 180%、Bは145%, 40%で、次のようになります。

	2014年	2015年	2016年
A	1億円	4千万円	1億8千万円
B	2億円	2億9千万円	8千万円
合計	3億円	3億3千万円	2億6千万円

　よって、合計が最大であったのは2015年、最小であったのは2016年で、肢3が正解です。

正解 ▶ 3

第3部　資料解釈

No.
177 指数のデータ　　　　▶ 刑務官（社会人）　▶ 2017

　表は、ある会社の支店について、支店数，売上額，従業員数の推移を示したものである。これから確実にいえるのはどれか。

年	2012	2013	2014	2015	2016
支店数 （単位：支店）	14	17	18	19	19
売上額 （2012年を100とした指数）	100	153	198	214	228
従業員数 （単位：人）	560	720	840	980	1,000

1　2013年についてみると、対前年増加率が最も大きいのは、支店数である。
2　2014年についてみると、2012年からの増加率が最も大きいのは、売上額である。
3　2015年における従業員1人当たりの売上額は、2012年のそれを下回っている。
4　2016年における1支店当たりの売上額は、2012年のそれの2倍を上回っている。
5　2016年における1支店当たりの従業員数は、2012年のそれを下回っている。

肢1　12年→13年で、支店数は14→17で、3増加していますが、これは、14の20％強です。一方、売上額のそれは、100→153で、53％増加していますので、対前年増加率が最も大きいのは、支店数ではありません。

肢2　12年→14年で、売上額は100→198で、増加率98％であり、2倍近くになっています。しかし、支店数，従業員数のそれは2倍にはほど遠く、増加率は売上額に及びません。
　　　よって、増加率が最も大きいのは売上額で、本肢は確実にいえます。

肢3　12年→15年で、売上額は100→214で、2倍を上回ります。しかし、従業員数のそれは、560→980で、2倍に足りません。

よって、従業員1人
当たりの売上額は、12
年＜15年となります。

肢4　12年の売上額を100とすると、1支店当たりの売上額は、$100 \div 14 ≒ 7.1$
　　ですが、16年のそれは、$228 \div 19 = 12$ですから、16年は12年の2
　　倍には及びません。

肢5　12年の1支店当たり従業員数は、$560 \div 14 = 40$ですが、16年のそれ
　　は、$1000 \div 19 ≒ 52.6$ですから、12年＜16年となります。

正解 ▶ 2

下図は A，B，C の３種類の商品について、月別売上額の年間推移を、前月の売上額を 100 とした指数で表したものである。ここから確実にいえるのはどれか。

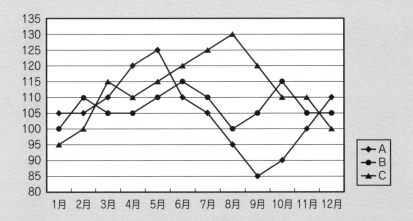

1　表中の１年間で、A の売上額が最大なのは５月で、C の売上額が最大なのは８月である。
2　６月の売上額についてみると、最も大きいのは C で、次に B、３番目に A の順となっている。
3　A の 12 月の売上額は７月より少ない。
4　C の 11 月の売上額は４月と同じである。
5　A の１月と２月、B の３月と４月、及び 11 月と 12 月、C の 10 月と 11 月の売上額はそれぞれ同じである。

肢1　A の６月の指数は 110 で、5 月より 10％増加しています。よって、5 月＜６月となり、5 月が最大ではありません。
　　同様に、C の９月の指数も 120 で、8 月より 20％増加していますので、8 月が最大ではありません。

肢2　データは、それぞれの売上について前月を 100 とした指数ですから、異なる種類の商品の売上額を比較することはできません。

肢3　Aの8月の指数は95ですから、7月の売上額を100とすると、8月の売上額は95となります。また、9月，10月の指数は85，90ですから、10月の売上額は 95 × 0.85 × 0.9 ≒ 72.7 となります。さらに、11月の指数は100ですから、売上額は10月と同じで、12月の指数は110ですから、売上額は72.7 × 1.1 ≒ 80 となります。

　　　よって、7月 > 12月となり、本肢は確実にいえます。

> 12月が100より少ないことを確認するだけなので、10月の時点で90を下回っていることが分かれば十分ですから、細かい計算は不要です。

肢4　Cの5月〜11月の指数はいずれも100以上ですから、売上額は4月以降増え続けており、4月と11月は同じではありません。

肢5　いずれも、指数は同じ値を示しておりますが、Aの2月の指数は105ですから、売上額は1月より5%増えており、同様に、Bの4月，12月の指数も105ですから、それぞれ3月，11月より5%増えています。また、Cの11月の指数は110ですから、10月より10%増えており、いずれも売上額は同じではありません。

正解 ▶ 3

次の表から確実にいえるのはどれか。

特用林産物の生産量の対前年増加率の推移

(単位 ％)

品　目	平成22年	23	24	25
生しいたけ	2.8	△ 7.6	△ 6.7	2.2
えのきたけ	1.8	1.6	△ 6.3	△ 0.3
ぶなしめじ	△ 0.2	6.8	3.6	△ 4.0
まいたけ	6.0	2.3	△ 2.7	5.1
たけのこ	29.0	△ 18.9	21.8	△ 38.3

（注）△は、マイナスを示す。

1　平成21年の「まいたけ」の生産量を100としたときの平成25年のそれの指数は、115を上回っている。

2　平成24年において、「たけのこ」の生産量は、「ぶなしめじ」のそれを上回っている。

3　「生しいたけ」の生産量の平成22年に対する平成24年の減少率は、「えのきたけ」の生産量のそれの2倍より大きい。

4　平成23年において、「まいたけ」の生産量の対前年増加数は、「えのきたけ」の生産量のそれを上回っている。

5　「たけのこ」の生産量の平成22年に対する平成25年の減少率は、40％より大きい。

肢1　「まいたけ」の21年を100として、25年の値を計算すると、次のようになります。

```
21年        22年            23年              24年            25年
100 ×（1＋0.06）×（1＋0.023）×（1－0.027）×（1＋0.051）
＝ 100 × 1.06 × 1.023 × 0.973 × 1.051
≒ 110.89
```

よって、115を上回ってはいません。
ちなみに、21年→25年の増加率を正確に算出するには、上記のように、

「1＋増減率」を順にかけて求めますが、このデータのように、増加率が小さい数であれば、次のように増加率の数値を上乗せ（足し算）しても、さほど誤差はありません。

数％程度であれば、ある程度は大丈夫です。

```
21 年    22 年    23 年    24 年    25 年
100  +  6.0  +  2.3  -  2.7  +  5.1  =  110.7
```

なので、これより先は、足し算した数値から推測して確認します。

肢 2　データは、それぞれの林産物の対前年増加率を示したものですから、ここから、「たけのこ」と「ぶなしめじ」の生産量を比較することはできません。

肢 3　「生しいたけ」は、22 年→24 年で、7.6％減少→6.7％減少で、－7.6－6.7＝－14.3より、減少率は14％程度と推測できます。
　　　一方、「えのきたけ」のそれは、1.6％増加→6.3％減少で、1.6－6.3＝－4.7より、減少率は4～5％と推測でき、誤差を考慮しても、前者は後者の2倍より大きいと判断できます。
　　　よって、本肢は確実にいえます。
　　　尚、22 年を100として計算すると、次のように確認できます。

肢 1 で示したように、足し算の値で推測します。尚、増加→増加の場合は、増加率を足した値より、実際の増加率は多少大きくなりますが、減少→減少の場合は、減少率を足した値より、実際の減少率は多少小さくなります。

「生しいたけ」　$100 \times (1 - 0.076) \times (1 - 0.067) \fallingdotseq 86.2 \rightarrow$ 減少率 13.8％
「えのきたけ」　$100 \times (1 + 0.016) \times (1 - 0.063) \fallingdotseq 95.2 \rightarrow$ 減少率 4.8％

肢 4　肢 2 と同様に、「まいたけ」と「えのきたけ」の増加数を比較することはできません。

肢 5　「たけのこ」は、22 年→25 年で、18.9％減少→21.8％増加→38.3％減少で、足し引きすると、－18.9＋21.8－38.3＝－35.4となりますが、この場合の増加率は割と大きな数字なので、誤差を考えると40％以下になるかは微妙です。
　　　なので、次のように計算して確認すると、減少率は39.1％となります。

ざっくり概算して40％とほど遠ければいいですが、本肢は微妙なので、後回しが賢明です。

$100 \times (1 - 0.189) \times (1 + 0.218) \times (1 - 0.383) \fallingdotseq 60.9 \rightarrow$ 減少率 39.1％

正解 ▶ 3

第3部　資料解釈

次の図から正しくいえるのはどれか。

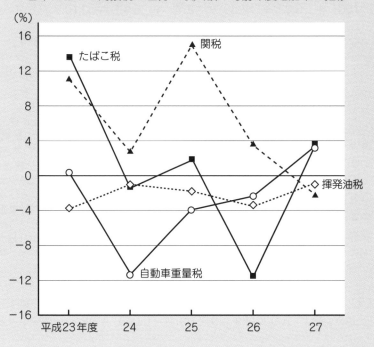

日本における間接税 4 区分の収入額の対前年度増加率の推移

1 平成 23 年度から 27 年度までのうち、たばこ税の収入額が最も多いのは
23 年度であり、最も少ないのは 27 年度である。
2 平成 24 年度から 26 年度までのうち、たばこ税の収入額に対する自動車
重量税の収入額の比率が最も大きいのは 26 年度である。
3 平成 24 年度における揮発油税の収入額を 100 としたとき、27 年度にお
ける揮発油税の収入額の指数は、90 を下回っている。
4 平成 25 年度から 27 年度までの各年度についてみると、自動車重量税の
収入額はいずれの年度も前年度に比べて増加している。
5 平成 25 年度から 27 年度までの 3 か年度における関税の収入額の年度平
均は、23 年度における関税の収入額を下回っている。

肢1　27年度のたばこ税の対前年度増加率は、プラスの
　　　範囲にありますので、前年より増加しています。

グラフの「0」より上の範囲です。

　　　　したがって、26年＜27年となり、最も少ないの
　　　は27年度ではありません。

肢2　たばこ税の24年の収入額を100とすると、25年は
　　　約2％の増加ですから100＋2＝102、26年は約12％
　　　の減少なので、102－12＝90より、約90となります。

ここでも、とりあえず引き算で判断します。

　　　　同様に、自動車重量税の24年を100とすると、25
　　　年は約4％の減少で、100－4＝96、26年は約2％の減少で、96－2
　　　＝94より、約94となります。
　　　　これより、24〜26年度のそれぞれについて、たばこ税に対する自動車
　　　重量税の比率を比べると、次のようになります。

実際の比率は分かりませんが、24年をそれぞれ100とおいた値で、24〜26年の大小を比較することはできます。

$$24年 \qquad 25年 \qquad 26年$$
$$\frac{100}{100}=1 \qquad \frac{96}{102}<1 \qquad \frac{94}{90}>1$$

　　　　これより、最も大きいのは26年となり、本肢は正しくいえます。

肢3　揮発油税は、24年→27年で、約2％減少→約3％減少→約1％減少
　　　で、減少率を足し合わせても6％程度にしかなりません。
　　　　よって、10％以上減少してはいませんので、指数が90を下回ることは
　　　ありません。
　　　　尚、計算すると、次のようになります。

$$
\begin{array}{llll}
24年 & 25年 & 26年 & 27年 \\
100 & \times(1-0.02) & \times(1-0.03) & \times(1-0.01) \\
= \quad 100 & \times \quad 0.98 & \times \quad 0.97 & \times \quad 0.99 \\
\fallingdotseq \quad 94.1
\end{array}
$$

肢4　自動車重量税の25，26年度の対前年度増加率は、いずれもマイナスの
　　　範囲にありますので、前年に比べて減少しています。

肢5　関税の24〜26年度の対前年度増加率は、いずれもプラスですから、
　　　23年→26年は増加し続けています。27年度だけは前年よりわずかに減
　　　少していますが、それ以前の増加のほう大きいので、24年〜27年度の収
　　　入額はいずれも23年度より大きく、25年〜27年の年度平均が23年度
　　　を下回ることはありません。

第3部　資料解釈

正解 ▶ 2

Staff

編集
堀越美紀子

ブックデザイン・カバーデザイン
越郷拓也

イラスト
YAGI

校正
西川マキ　甲斐雅子　高山ケンスケ

編集アシスト
平井美恵　小野寺紀子

エクシア出版の正誤情報は、
こちらに掲載しております。
https://exia-pub.co.jp/
未確認の誤植を発見された場合は、
下記までご一報ください。
info@exia-pub.co.jp
ご協力お願いいたします。

著者プロフィール

畑中敦子

大手受験予備校を経て、1994年より、LEC東京リーガルマインド専任講師として、公務員試験数的処理の受験指導に当たる。独自の解法講義で人気を博し、多数の書籍を執筆した後、2008年に独立。
現在、(株)エクシア出版代表取締役として、執筆、編集、出版活動を行っている。

畑中敦子の
社会人採用 数的処理ザ・ベスト

2021年5月8日　初版第1刷発行

著　者：畑中敦子
　　　　©Atsuko Hatanaka 2021 Printed in Japan

発行者：畑中敦子

発行所：株式会社 エクシア出版
　　　　〒101-0031　東京都千代田区東神田2-10-9

印刷・製本：中央精版印刷株式会社

ISBN 978-4-908804-71-7　C1030

畑中敦子の
算数・数学キソキソ55

公務員試験 数的処理の第一人者・畑中敦子による
「算数・数学の学び直し本」

公務員試験対策のベースになる「算数・数学」をまとめた一冊。

「四則計算」「因数分解の公式」「立体の体積の求め方」など、算数・数学の
学び直しに外せない "基礎の基礎、55項目" を厳選！

エクシア出版　https://exia-pub.co.jp/